美好教育的探索与实践

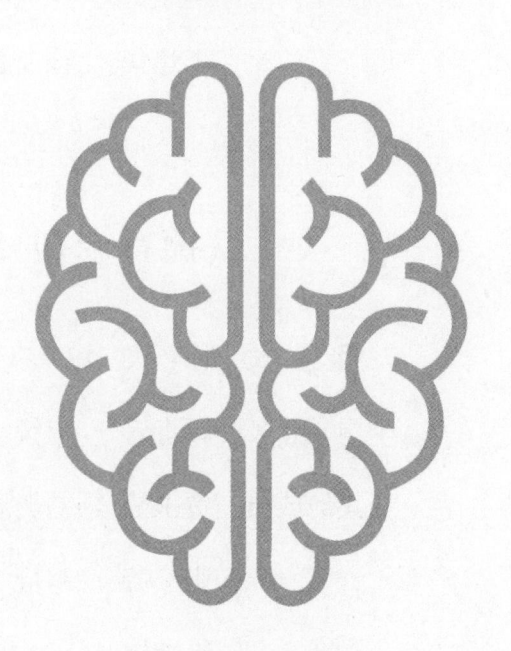

杭州北苑教育集团课题组 / 编

吉林大学出版社

·长春·

编 委 会

主　　编　郑德雄

副 主 编　徐巧飞　　赵永文

编委成员　徐冬岚　　练彩云　　宋成坦　　赵亚东
　　　　　蒋晓刚　　陈建勇　　何海强　　姜晓舟
　　　　　过鸿华　　徐燕强　　曹　俊　　张余燚
　　　　　李建华　　徐　漪　　赵学强　　顾青青

《德育专刊》编辑组成员

组　　长　徐巧飞

副 组 长　顾青青　　卢锐锐

其他成员　贾玉婷　　刘奕辰　　邹荣玮　　宗冰冰
　　　　　张　芳　　赵恰雯　　林佳琪　　潘留一
　　　　　徐婉婉

自 序

进入新时代,社会主要矛盾发生了深刻的变化,人民群众要求自己的子女能够"上好学"的需求日益强烈。他们希望自己的子女能够上一所好学校,进一个好班级,找一位好老师,接受好的教育。打造老百姓家门口的好学校,满足人民对美好教育的需求,已成为摆在每位教育工作者面前的新目标。

在新时代,我们要培养什么样的人,这不仅是教育的大命题,更是德育的大命题。我们很难想象,如果我们培养出来的学生没有道德,或者道德低下,那将会是怎样的场景?如果我们培养出来的学生高分低能,或者体质娇弱,抑或品德不良,那未来国家建设将由谁来承担?我们要培养的人必定不是只会考试刷题的机器,而是有着健全品德的人。古人说,"立德""立功""立言"为"三不朽",而"立德"之所以被摆在首要位置,就是因为无论什么时候,道德永远是一个人安身立命的根本。

要培养一个拥有良好道德品质的人,并非三言两语就能够做到,这不仅仅需要我们教师的谆谆教导,家庭的牺牲付出,社会的潜移默化,更需要学生的严于律己和自我蜕变。我们都知道:课程不断在变革,考试也在不停地改革,成绩可以通过一定时间的训练来获得,但我们的道德——这种特别而美好的东西,却必须经历长时间的环境熏陶和教育培养才能拥有。

"尚善致远"办学理念,是杭州北苑实验中学的灵魂所在,是学校前行的目标和动力。进入2021年后,杭州北苑实验中学又步入了一个新的阶段,与杭州市桃源中学组成杭州北苑教育集团。北苑集团将继续秉承北苑实验中学传统,用"尚善致远"这一理念引领集团未来发展,以德育为首,教人向善，帮助学生树立基本的道德观与价值取向，在教育教学中知善致善，不断完善自我，走向至善。坚守"德才兼备，知行合一"的准则，做到"仁义礼智信，温良恭俭让"，这与立德树人的理念是高度吻合的。

正是基于杭州北苑实验中学《德育专刊》编辑组成员三年多的辛勤积累，编委成员和《德育专刊》编辑组成员携手完成北苑历史上第一部校园著作，将烙印着北苑实验中学特色的"美好时光"结集成册。希望通过对学校的德育管理经验进行整理、总结，我校的德育工作能够再上一个新的台阶。

全书围绕"让每一位学生经历美好时光"这一主题分为6个篇章。其中"尚善致远"篇主要阐述了基于"尚善致远"理念，学校德育品牌创建的背景、德育工作的探索和学校德育工作的三年规划；"美好时光""活力篮球""诗意牧歌""公益行动"这四个篇章生动呈现了学校近年来活力篮球、诗意牧歌、研学旅行、公益情三年行等品牌德育活动，以使读者能够切身感受到北苑学子所经历的初中这一阶段的时光旅程；"德育论坛"篇主要收录了学校部分教师的德育论文、案例和随笔等优秀作品。

编著易成，但德育品牌建设却需要长期的坚持。希望杭州北苑教育集团带领全体同事继续砥砺奋进，朝着"尚善致远"这一目标携手共进，同时也希冀各位教育同仁对我们的德育工作指点迷津，不吝赐教！

编　者

2021年9月于杭州

目 录
CONTENTS

第一篇 尚善致远

002 >> 让每一位学生经历美好时光　　　　　　　　/ 郑德雄
013 >> 我们与诗歌的十三年　　　　　　　　　　　/ 徐巧飞
023 >> 用声音传递美好，用朗诵丰盈人生　　　　　/ 姚　婕
030 >> 修尚善之行，明致远之心　　/ 杭州北苑教育集团

第二篇 美好时光

040 >> 时光碎片　　　　　　　　　　　　　　　　/ 师　生
043 >> 时光语录　　　　　　　　　　　　　　　　/ 师　生
046 >> 时光拼图　　　　　　　　　　　　　　　　/ 师　生
050 >> 时光剪影　　　　　　　　　　　　　　　　/ 师　生

第三篇 活力篮球

056 >> 活力篮球　魅力校园　　　　　　　　　　　/ 蓝　敏

058 >> 活力篮球,寓教于乐　　　　　　/ 章继钢　曹　俊
066 >> 基于核心素养的初中活力篮球课程建设的研究
　　　　　　　　　　　　　　　　/ 章继钢　王　平
071 >> 《韵律篮球操》课程纲要　　　　/ 金　文　曹　俊

第四篇　诗意牧歌

082 >> 走过色彩变幻、冷暖交替的四季　　　　/ 陆红英
084 >> 读诗,让一所学校得以唤醒　　　　　　/ 于艳婷
091 >> 杭州北苑实验中学:让诗意弥漫校园　让教育更显
　　　　灵动　　　　　　　　　　　　　　/ 杭州日报
097 >> 诗诵会掠影　　　/ 于艳婷　蓝　敏　宗冰冰等

第五篇　公益行动

110 >> 公益之行,一直在路上　　　　　　　　/ 姜晓舟
116 >> 师生奉献爱心,教育精准帮扶
　　　　　　　　　　　　/ 姚　婕　姜晓舟　张义熙
123 >> 传播爱的教育,筑梦万水千山　　　　　/ 吴毅娟
128 >> 公益行动掠影　　　/ 蓝　敏　姚　婕　姜晓舟

第六篇　德育论坛

134 >> 班级文化中潜在课程的研究　　　　　　　　/ 郑德雄

146 >> 以新换心　以动促进　　　　　　　　　　/ 潘留一

151 >> 具有杭州特色研学旅行课程开发的研究　　　/ 姜晓舟

158 >> 父母缺位下的"空巢儿童"现象观察及干预措施

　　　　　　　　　　　　　　　　　　　　　/ 徐冬岚

165 >> 缓和曲线化解矛盾，表扬钝器唤醒尊重　　　/ 顾青青

171 >> 一个问题学生的蜕变之路　　　　　　　　　/ 蓝　敏

178 >> 探析初中学优生挫折教育的有效策略　　　　/ 赵永文

186 >> 一心三"补"，以心"唤"心　　　　　　　　/ 张玉兰

194 >> 以教育为尺，高举轻落　　　　　　　　　　/ 杨　凯

201 >> 真诚对话的力量　　　　　　　　　　　　　/ 王候勤

208 >> 生命无小事　　　　　　　　　　　　　　　/ 邹荣玮

213 >> 纸可意会，心可相通　　　　　　　　　　　/ 钱　箐

219 >> 后记

第一篇　尚善致远

尚善致远是北苑的办学理念,旨在教人向善,帮助学生树立基本的道德观与价值取向,在教育教学中知善致善,不断完善自我,走向至善,这与立德树人的理念是高度吻合的。

让每一位学生经历美好时光
——杭州北苑实验中学"尚善致远"办学侧记

郑德雄

"尚善致远"办学理念,是杭州北苑实验中学的灵魂所在,是学校前行的目标和动力。新成立的杭州北苑教育集团将继续秉承北苑实验中学传统,用"尚善致远"这一理念引领集团未来发展,以德育为首,抓好规范教育;以教学为中心,落实教学常规;以育人为本,努力培养具有"励志、笃行、创新"特质的现代中学生。"尚善致远"办学体系共包含"尚善德育""致远智育"两大体系,涵盖了学校德育体系、教学改革、学生发展、学校管理、校园文化等教育教学的各个层面。这两大体系凝聚着学校文化之魂,夯实了北苑的文化根基,为将学校打造成老百姓家门口的美好学校注入源源不断的动力。

"尚善致远"意蕴深厚

六十余年来,北苑人以"坚守教育理想,着眼学生未来"的责任心和使命感,筚路蓝缕,孜孜以求,瞄准"让每一个学生经历美好时光"的靶心,演绎着教育的精彩,谱写着教育的华章。在几任校长总结了六十余年办学经验的基础上,"尚善致远"办学理念正式诞生。它烙印着北苑独有的标记,指明了育人的方向,闪烁着教育的光辉。上善若水,止于至善;初心如磐,笃行致远。北苑集团着眼于学生成长的关键期,开展立德树人、立心成人的教育,引导学生将"修尚善之行,明致远之心"文化理念内化于心,外化于行,努力将学生培养成"自信务实的学习者""正直坚毅的担当者""团结合作的包容者"和"积极创新的超越者"。

真正的教育,必须在本上下工夫,唯其如此,才能根深叶茂,才能造就心系天下的未来人才。"与人为善,乃为人之本。"孟子有言:"自天子以至于庶人,壹是皆以修身为本。"那么,修身之要,不在其外,而在其内,即在心,立心方能成人。培根而育心,本立而道生,包含"德育——尚善德育""智育——致远课程"两大体系的"尚善致远"体系由此缘起。"尚善德育"可细分为"五大教育"——素养教育、情感教育、责任教育、生命教育、心理健康教育;"致远智育"涵盖"两大工程"——教学提升工程(高效课堂建设),阅读拓展工程(高效海量阅读)。"五大教育"和"两大工程"相辅相成,使得"尚善致远"这一办学体系更具潜力与张力,让学生得以健康成长。

尚善德育的"五大教育"

"五大教育"是针对不同年级的学生身心发展特点而设定的系列教育。如我们根据七年级学生行为习惯差的特点强化素养教育,根据八年级学生青春期思想波动大的特点实施情感教育,根据九年级学生开始规划人生的特点进行励志教育。生命教育和心理健康教育贯穿于三个年级始终。《学记》云:"不陵节而施之谓孙。"教学如此,德育亦然。不同的年段,采取不同的教育,或者相对偏重某些方面的教育,德育工作才能开展得有理、有序、有效。

(一)素养教育——提升习惯修养

初一年级素养教育见下表:

主题活动	时间安排	内容及要求
国防教育	8月	培养集体观念,行为规范教育
始业教育	9月初	明确各种习惯与要求

续表

主题活动	时间安排	内容及要求
校运会	9月底	强健体魄,培养集体荣誉感
篮球联赛	10、11月	培养集体观念和团队合作意识
艺术节	12月	艺术美的体验和展示
诗诵会	4月	人文美的体验和展示
春游	4月	自然美的体验
科技节	5月	培养实践、探究能力和创新精神
社会实践	寒暑假各1周	感恩系列活动
升旗与晨会	每周一	时政、爱国主义、行为规范教育、学生主题演讲、评比结果反馈等

叶圣陶先生曾言:"教育是什么?往简单方面说就一句话,就是养成良好的习惯。"良好习惯的养成是固根之举,不但能使学生在当下学习和生活中彰显出优秀的精神品质,甚至还能照亮未来生命的前程。习惯好坏,不仅关乎某个学生本人品德的形成,也影响到周边之人及其相应的环境。从这个意义上说,养成良好的习惯,是学生应尽的责任。

自主管理是良好习惯养成的一大捷径。学生自主管理能力的提升可从以下几个方面入手:(1)正面传输。借助主题班会、辩论赛、面对面谈心等形式进行正面教育,让学生深刻认识到自主管理的不可或缺性,引导学生有意识地进行自主管理,且可挑选自主管理能力强的学生帮助管理班级。(2)制度约束。健全各项制度建设,明文规定条例条规,强制性地遏止不良生活习性的滋长蔓延,以此达到约束成效,与此同时培养学生的自主管理能力。(3)活动渗透。将自主管理能力的培养教育寓于诗诵会、篮球联赛等各项活动之中,在接纳度极高的活动中渗透教育,以此提升学生综合素养。(4)文化陶冶。"蓬生麻中,不扶而直",笃学尚行,止于至善的"尚善"理念贯穿学校德育工作始末。学校着力培养学生的审美情趣,注重对学生组织管理能力的培养,让学生在文化陶冶中养成自主管理习惯。

通过教育实践,将我校素养教育的一些方法归纳如下。首先,把行为习惯抓细:(1)遵守规章制度的有序习惯;(2)待人接物有礼的文明习惯;(3)团结友爱的互助习惯;(4)讲究卫生的整洁习惯;(5)资源节约的勤俭习惯;(6)诚实守信的重信习惯。其次,把教育活动抓实。第一,围绕"尚善德育"开展学生诵读活动、演讲活动、绘画活动、征文活动等。第二,建章立制,严格规范。依据北苑学生核心素养内容,制订详细的操作规范和评价细则,每日一检查,每周一反馈,每月一评比。第三,成立校园文明监察部,由团委牵头,全时段检查,全方位评价。第四,发现典型,树立典型,弘扬典型,深入开展每周文明班级等评选活动,并利用微信群、橱窗等媒介大力宣传。

(二)情感教育——注重明礼修心

学生正处"指点江山,激扬文字"的青春年华,此时对其进行情感教育,自然就能适其时、入其心。情感教育的内容丰富多彩,包括感恩教育、家国情怀、人格健全、和谐发展等方面。比如以建党100周年为契机,通过看革命传统教育影片,唱革命歌曲,参加征文比赛、手抄报比赛等系列活动开展家国情怀教育。每一个生命之"身"都有家国情怀的时候,民族认同感与自豪感油然而生,中华民族伟大复兴的历史责任将在一代代国人的身上延续。又如借助父亲节、母亲节、教师节等节日契机,开展感恩活动,以此唤醒沉睡于学生内心的感恩情愫,令学生主动地去感恩教师、父母、同学、社会和自然。直抵学生心灵的巧妙设计,更让他们的感恩之心有了具体的施展路径。感恩之心常在,不但会升华自己的人生境界,也会让学校、家庭和社会变得更和谐。

学生乐于参加学校丰富多彩的活动,所以在活动中渗透尚善德育,往往会起到"随风潜入夜,润物细无声"的作用。同时,由于喜欢,大大增强了学生主动参与的热情,某些素养教育就有可能变成他们自觉的行为。在这些活动中,有些学生可能因某些素养表现好而受到班级及全校的关注与表扬,这将大大增强他们的自豪感与自信心,从而促使他们愈发积极地参加此类活动,使尚善德育成效更为显著。即使未受到关注与表扬的学生,也会"见贤思齐"并"学而时习之",自觉地严格要求自己,从而也被关注与表扬,进而走向优质素养的殿堂里。

八年级情感教育见下表:

主题活动	时间安排	内容及要求
青春期教育	9月初	了解青春期生理、心理特点,学着保护自己
校运会	9月底	强健体魄,培养集体荣誉感
篮球联赛	10、11月	培养集体观念和团队合作意识
法制课	11月底	参观法制基地,了解与青少年相关的法律,进行知识竞赛
艺术节	12月	艺术美的体验和展示
团课	4月	了解共青团历史,积极加入共青团
春游	4月	自然美的体验
科技节	5月	培养实践、探究能力和创新精神
禁毒教育	6月初	了解毒品及其危害,远离毒品
社会实践	寒暑假各1周	环保系列活动
生命与安全	每学期2课时	设计相关主题,如"珍惜生命""交通安全"
升旗与晨会	每周一	时政、爱国主义、行为规范教育、学生主题演讲、评比结果反馈等

(三)励志教育——强化责任担当

感恩教育、家国情怀教育的开展使北苑校园文明和谐,让北苑学子激情澎湃。责任感是一个人立足社会的重要基石。励志教育致力于培养学生的责任担当意识,养成时时尽职尽责、失职主动承担责任的习惯。中学每个年级的励志教育虽有其共同目的,但侧重有所不同,亦需要不同的教育方法。

励志教育实施前,需要明确"三阶段重点教育内容"。

初一年级第一学期:步入新环境后,学生容易放松行为习惯的养成,因此本学期以"适应新生活,养成好习惯"为教育重点。

初一年级第二学期:随着新鲜感的消退,互相攀比、追求享受等现象萌芽,甚至频发,为了防止学生受到不良现象的蒙蔽与诱惑,本学期以"树立规则意识,恪守法律法规"为教育靶心。

初二年级第一学期:随着群体意识的增强,小群体容易在班内产生,部分学生诚信缺失现象频现。为了继承中华文化的优良美德,本学期以"诚实为本,守信他人"为教育方向。

初二年级第二学期:学生自我意识逐步增强,自私、狭隘的心理与行为时有发生,需着重开展"理解宽容待人,暖心奉献社会"的教育。

初三年级第一学期:面临与日俱增的学业压力和父母过高的期望值,每个学生都会迎来心理和情绪上的波动、焦虑、厌倦,甚至对学习和校园生活产生抵触。因此,"珍爱生命,调节心理"的教育内容契合学生实情。

初三年级第二学期:面对中考,学习的紧迫感明显增强,学生为自己的前途问题而担忧与迷茫,可以"明确未来方向,笃定不懈前行"为疏导内容。

九年级励志教育如下表:

主题活动	时间安排	内容及要求
校运会	9月底	强健体魄,培养集体荣誉感
时间管理教育	10月	有效管理时间,合理利用时间
信念教育	11月	正确认识自己,提升自信
艺术节	12月	艺术美的体验和展示
中考百日誓师	3月	自己立下志愿,团队明确中考目标
科技节	5月	培养实践、探究能力和创新精神
中考心理辅导	6月	调适心理,正确面对中考
毕业典礼	6月底	纪念青春,拥抱未来
社会实践	寒假1周	励志系列活动
升旗与晨会	每周一	时政、爱国主义、行为规范教育、学生主题演讲、评比结果反馈等

(四)生命教育——演绎幸福华章

极个别的中学生受到一些挫折就焦虑不安,甚至意欲毁灭自己的生命。这不但是胆怯的,也是不负责任的,不但对不起父母,也愧对学校与社会对自己的培养。所以,要引导学生保持向上的生命状态和良好的心理状态。开展生命教育的方法主要有四个方面。

1. 走近生命,感知幸福——引导学生追溯生命起源、体悟生命之艰

观看纪录片,了解生命孕育的整个过程;播放孩童成长科教片,理解母亲养育的艰辛。生命产生不易,父母养育之恩更为艰辛与伟大,以此唤醒学生埋藏在心底的那份柔软。

2. 赞扬生命,回顾幸福——引导学生感悟生命意义,懂得生命可贵

(1)读名著,赞生命。阅读《秋天的怀念》《钢铁是怎样炼成的》《名人传》等文章书籍,了解史铁生、保尔、贝多芬、米开朗琪罗、托尔斯泰等名人与灾病顽强斗争的事迹,在感同身受中懂得生命的可贵与精彩。相关名著不但具有优质的语言,更闪耀着顽强拼搏、积极向上的精神光芒。学生在阅读的过程中会沉浸其中,深受震撼,并主动以他们为榜样,形成百折不挠的精神人格。

(2)观影视,悟生命。播放《唐山大地震》等影片,让学生如临其境地走进那段特殊时期,感受生命的顽强、挣扎乃至无奈,感悟生命何其可贵,让学生懂得只有珍爱生命,才能让自己的未来更有意义与价值。

(3)祭先烈,惜幸福。祭扫烈士墓、缅怀革命先烈的丰功伟绩,理解生命的意义和价值,珍惜自己所拥有的安定生活,深知发愤图强、积极向上才能无愧于久眠地下的英烈,无愧于自己。

3. 敬畏生命,创造幸福——引导学生强化生命意识,创造精彩生命

第一,通过开展安全教育等主题班会教育学生尊重自然生命、他人生命及自我生命;第二,引导学生文明待人,与同学友好相处,不可做出过激行为;第三,引导学生认识生命的价值与真谛,诠释生命的责任。生命只有一次,唯有珍爱再珍爱,才能让生命拥有足够的长度,而关注其他生命,尊重他人并助其更好地成长,才会让生命拥有足够的宽度。所以,一个人不但需要健康的生命肉体,而且需要光芒四射的生命精神。

4. 保护生命,享受幸福——引导学生树立安全意识,增强生存技能

多次进行紧急疏散演习,让学生掌握突发事件发生时应急逃生的路线和知识,使应急处理工作能快速、安全、有序地开展;对学生进行心理健康教育、禁毒教育、法治教育等,切实提高生存技能;增强学生的法治意识,使学生健康快乐地成长。生命有时会以两种截然不同的形态呈现出来:一是顽强而富有韧性;二是脆弱而经不起折损。前者往往表现在精神层面,后者则往往显现于身体层面,有的时候,两者兼而有之。作为学生,绝对不能触碰生命的禁区。生命消失了,其他便一无所有。所以,教育应使珍爱和保护生命的意识深深地根植于学生的心里,并化成自觉的行动。拥有了健康的身体,再拥有精神的境界,孩子才有了真正的美好与幸福。

(五)心理健康教育——加强心灵养护

学校地处杭城北部城郊接合部,外来务工人员子女比重已超60%。家长往往忙于工作,对孩子缺乏引导,比较关注学科的成绩,不太注重孩子身心的全面发展,而处于青春期的孩子最需要的往往是生理和心理上的关爱。心理健康教育的实施旨在减轻学生的心理压力,降低、消除学生内心的矛盾,引导他们掌握调节身心的一般方法和特殊方法,学会自我激励、自我减压、客观看待问题,养成健康的心态。

为加强心灵防护,学校积极开展学生心理健康教育。学校有专业的心理教师,并有多名老师参加了心理健康教育的专业培训,绝大多数教师拥有心理健康教育C证。目前学校根据上级要求定期进行心理筛查,针对学生的心理问题邀请心理健康教育专家进行心理健康教育讲座或咨询;成立心理咨询室,通过个辅矫治减轻了一部分学生的心理问题,促进了学生的健康成长。此外,学校专门为各班心理委员开设了对应的社团,促使学生学习心理调节等知识与方法,加强了学生对心理健康的重视程度与技能掌握程度。

在教育实践中我们还归纳出了心理健康教育六种方法：第一，开设心理健康教育课，普及心理科学知识，开展心理保健和良好行为训练工作等。第二，设立心理咨询室、心理信箱，对个别学生进行咨询指导。第三，把心理健康教育和班会教育的内容结合起来，解决学生迫切需要解决的心理问题。第四，在各科教学中渗透心理健康教育，如在语文、政治、历史、体育、音乐、美术等课程中强化显性或隐性的心理健康教育的内容。第五，对家庭教育进行心理保健知识的指导，通过钉钉群定期开设家长小课堂，帮助家长有效地教育和指导子女。第六，广泛开展多种方式的心理保健知识的宣传活动，如通过专题讲座、黑板报等渠道进行心理健康教育的宣传普及。

致远智育的"两大工程"

"五大教育"和"两大工程"互为补充、各有侧重，共同支撑起"尚善致远"教育体系。致远课程的"两大工程"，即教学提升工程（高效课堂建设）和阅读拓展工程（高效海量阅读）。

（一）教学提升工程

作为区课程改革试点学校，我们要积极推进课程改革，做好精品课程开发、教学多元评价等工作，并于实践中总结、宣传和推广先进经验。

1. *明确质量目标，强化团队作战*。加强年级之间、各备课组之间、不同年级班级任课教师之间的沟通交流，落实教研组长、备课组长学科负责制，打好团体战。调整教学评价起点，合理运用增量评价和绝对评价，让目标意识深入人心，使大家朝着目标而不断努力。初三学生20%一级重高升学率，45%优高升学率，并在后30%市抽测中进入全市前十名，总体水平处于杭州市公办初中前列。

2. *抓好教学常规，提高教学效率*。树立"课比天大"的意识，分层次要求不同年龄、不同水平的教师。增强教师的质量意识，做好对考试的分析，根据结果推导过程的合理性。认真做好对个别教师教学行为的分析，从备课、上课、批改、辅导、评价、反思等角度寻找问题,及时整改。以年级组为单位利用好集体备课时间,做好"提优补缺"工作。

3. **开展集体备课,建设品牌学科**。各备课组必须有周密的备课计划,假期提前分工,同时制订资料编写方案。各个学科选定空余时间在规定场所开展集体备课。确定教案、课件;每一学科精选作业,先做作业,选定学生作业,要求全批;根据学生作业情况做好错题资料编写;上传资料。基于互联网,以"典型学习"为切入口,建设高效课堂。根据学校实际,先抓语文、英语学科的品牌建设,同时组建数学、科学、社会、体育等学科梯队。

4. **瞄准培养目标,提升核心素养**。基于我校"尚善致远"的办学理念,践行"致远学子"成长课程,确立"励志、笃行、创新"三大育人目标,形成四部分学生核心素养目标,推进基于学生素养的学校课程建设。"致远"课程体系结构如下图。

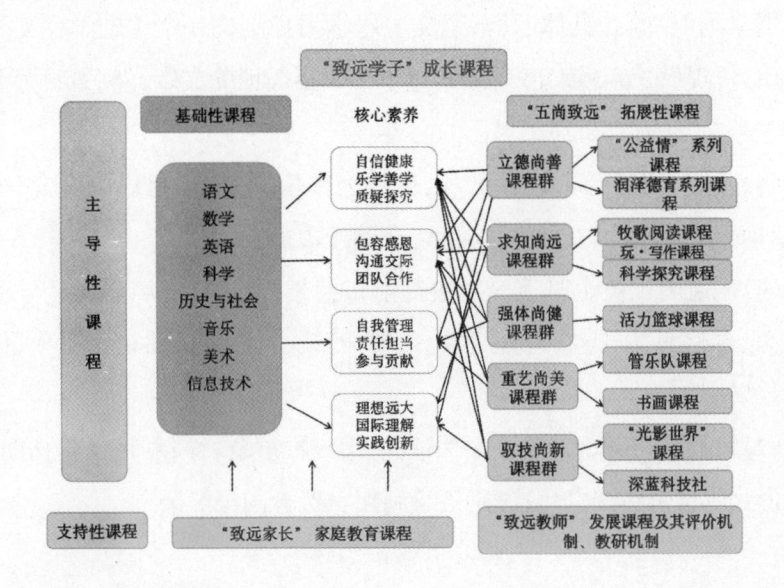

(二)阅读拓展工程

"阅读拓展工程"即高效海量阅读。所谓"腹有诗书气自华",早在2013年,阅读课就成了北苑中学每个学生的必修课,从初一到初三,分别设置1节到2节不等的阅读课。走进北苑中学任何一间教室,都会发现整齐划一的木质书橱上排满了书籍。学生遨游在书的世界中,沐浴在美丽语言的海洋中,找寻着智慧的光华,体悟着思想的要义,成功点亮指引自己前行的心灵明灯。

具体做法如下。

(1)明确目标任务。整个初中阶段的阅读总量不少于300万字,每年阅读量为100万字,每学期至少读10本书,写读书笔记2万字。

(2)纳入课程计划。每周至少一节阅读课,保证阅读时间,让阅读不再成为课外的一种负担,而且还有教师的相伴与指导,让阅读有了质量的保证。

(3)加强阅读方法指导。在教学中传授整本书阅读策略,让学生学会精读、略读、浏览、跳读等多种方法,积淀个人阅读能力。

(4)促进阅读与教学融合。借鉴学习当前语文课堂教学中推出的"语文主题学习"实验。具体而言,语文主题学习指围绕一个主题学完某一篇文章后,再提供2至3篇文章,或布置学生收集类似的文章,然后自行阅读,体会这类文章的特点,写出自己的心得。

(5)开展丰富的阅读活动。以班级为单位,每学期组织故事会、演讲会、朗诵比赛等活动,在活动中阅读,在阅读中提升。

(6)抓住阅读黄金时节。学校提前布置长篇名著阅读计划,让学生在寒暑假、春秋假、国庆节等假期中不间断阅读,并抓好假后检查工作,保证阅读效果。

(7)加强图书阅览室建设。保证阅读资源的多样性;利用学生捐助、互借等形式打造班级图书角;鼓励班级利用班费订阅报纸杂志。

我们与诗歌的十三年

徐巧飞

转眼十年,北苑与诗歌在一起的时间都已经超过我和北苑在一起的时间了。2009年的春天,马小平老师说,我们来办个诗会吧!当时还有谁呢?有徐燕强老师,有美美,有小朱,于是,一场小型的、朴素的、温情的诗诵会就这样拉开了序幕。这几年,在北苑诗歌的舞台上,每一位语文老师都参与过,台上台下,又做演员,又做导演,还是剧务。这几年,几乎所有的老师都参与过诗诵会,即使他们教数学,教科学,教英语,教体育……这几年,诗诵会也曾经办得很大,很隆重,请过诗人,请过专家,还有许多的嘉宾。但是每一个北苑人都明白,改变的只是形式,我们对诗歌的爱,北苑对诗歌的爱刻在骨子里,刻在时光里。学生,来了又去,老师,也在时光里渐渐苍老,马老师和徐老师都到了快要退休的年龄,高老师的孩子都即将在北苑毕业,我也成了一个母亲,但有些东西不曾改变过,也是不会改变的,比如老师们之间的情谊,比如孩子们读诗的时候眼底的认真、脸上的微笑。不知怎么的,有点啰嗦了,记得马老师上过一节诗歌课《你的名字》,曾经潸然泪下,现在想想,也似乎只有这首诗最能表达我的心情,那么,就让我们一起读诗吧……

你的名字(节选)

纪 弦

用了世界上最轻最轻的声音,
轻轻地唤你的名字每夜每夜。

写你的名字，

画你的名字，

而梦见的是你的发光的名字：

如日，如星，你的名字。

如灯，如钻石，你的名字。

如缤纷的火花，如闪电，你的名字。

如原始森林的燃烧，你的名字。

春天的北苑，是属于诗歌的。就仿佛是一场盛会，在这个美丽的时节，被人期待着，念叨着。凌霄花开得明艳，在阳光下更加热烈。鹅掌楸似乎羞涩一些，挤挤攘攘，在风中慢慢点着脑袋。校园的桂花树下，是最好的朗诵场所了吧，时而低声柔情，时而高亢澎湃，北苑的孩子们在树阴下伴着诗歌相视微笑，她们在等待这场盛会的到来。终于，它如期而至。

我们读海子的《面朝大海，春暖花开》，光是想象，就已沉醉；我们读林徽因的《你是人间的四月天》，嫩绿鹅黄，一片欢欣；我们读王蒙的《青春万岁》，感叹着青春的朝气蓬勃，心中留下珍惜和信念……

北苑的孩子是爱诗的，不仅读诗，也喜欢自己创作。那些可爱的食物体诗歌，那些言简意赅的三行诗，兴之所至，但含义隽永。有时是独立创作，有时又相互合作，诗歌带给学生的不仅仅是美，还有许多，诸如表达，诸如合作，包容……

十三年，一段很长的时间，诗诵会，在北苑的校园中，生发着持久的生命力，因为热爱，我们还会有下一个十年，再一个十年。今天，让我们在春天里，慢慢回忆诗歌在北苑走过的十三年。

2021年——"以青春的名义宣誓"

建党百年，仍是少年。我们走过最艰难的岁月，如今更加意气风发，步履稳健。北苑学子用他们最爱的诗歌"以青春的名义宣誓"：少年之志，迎风远航,美好的未来,由我们共同参与,强国有我,绝非虚言。

我多想成为一名战士

亲自征战当年的沙场

任那伤痕累累的身躯倒下

为您血洒疆场

——北苑学子　黄怡萱

《殉国者》(节选)

2020年——"'云'诗会之生命的力量"

　　一场突如其来的疫情,打乱了所有人所有事的节奏,原本属于春天的诗会也因此被耽搁。北苑有那么多热爱诗歌的老师和孩子,我们选择用这样的云上方式让诗歌的生命在北苑延续。关于生命,关于生活,有很多话想说给我们那么爱着的你听,但是不知从何说起,那么给我一点时间,让我念一首诗给你听吧!

如果你不能成为山顶上的高松

那就当山谷里的小树

但要当溪边最好的小树

如果你不能成为一棵大树

那就当一丛小灌木

——道格拉斯·马拉赫

《做一个最好的你》节选

2019年——"在诗歌中寻找力量"

　　建国七十周年之际,北苑少年在此读诗,读华夏五千年灿烂文明,读泱泱中华大国风采。我们似乎跟着遥远的文字在和历史对话,我们似乎感受到中华文明生生不息的力量。感动着,骄傲着,我们在诗歌中寻找力量。

  运河,卷起小小的波浪
  流动着,流动着
  流向神秘而美好的远方
  公路,沿着弯弯的山坡
  蜿蜒着,蜿蜒着
  伸向高远而美丽的山顶
  亮了,亮了
  漆黑的夜幕被点点繁星
  倏然点亮

——北苑学子 刘畅
《繁星·半山》节选

2018年——"运河如画"

  由北苑学子唐伊玲创作,徐燕强老师精心修改,北苑学生朗诵的《运河如画》在由央视主办的2018运河之春——新春诗颂会杭州分会场上展演,2018年,该诗作还参加了区委宣传部组织的纪念改革开放四十周年大型文博活动——运河边大城北我们总是听到这首诗,这是献给运河,献给拱墅的一首赞歌。

运河如画

  春天轻踏着她的小脚丫,四处溜达
  风儿吻上桃花绯红的脸颊
  露珠儿缀上柳条儿柔软的长发
  蓝天,给她戴上青黛的发卡

——北苑学子唐伊玲 北苑教师徐燕强 浙江省文联原主席黄亚洲
《运河如画》节选

2017年——"做更好的我们"

今年,我们又再一次共赴与春天与诗歌的这场约会,心中无限的暖意在涌动。2017年的春天,我们用自己的笔,饱蘸时光的墨,写下时光留在我们身上的烙印。5月8日下午,北苑实验中学自创诗刊《牧歌》首发仪式暨2017年春天诗颂会在报告厅顺利举行,全体初一学生在班主任老师和语文老师的带领下,诵读自创诗歌,为校园增添了诗韵书香。

风扬起花瓣儿,
拂过每张笑脸,
寻着花瓣飘来的方向,
那里,是更好的我们。

——北苑学子 谢晓语 项宝宝 周雅菲
《更好的我们》节选

2016年——"我和你加在一起"

四月,一首原创诗《尚未绽放的花》拉开了杭州北苑实验中学第七届春天诗诵会的帷幕。初一年级学生和老师齐聚报告厅,与名家携手,与经典相伴。本次诗诵会特邀朗诵名家雷鸣老师、洪坚老师、董海楠老师共同创作,一同朗诵,我们就如尚未绽放的花,但终将华丽盛放在属于我们的春天。

我是一朵花圃里的花,
静静地望着树木的枝丫,
我还未开放,请别着急啊!

——北苑学子 徐安行
《尚未绽放的花》节选

2015年——"为爱命名"

生活不只是眼前的苟且,还有诗歌和远方。远方太远,而诗歌就驻扎在有爱的人心中。真正爱着我们的人总是沉默的,没有语言,只有行动,极少锦上添花,唯有雪中送炭。这个春天,我们为那些爱着我们的人诵读,也为了我们的心中所爱发出最美的声音。

你终将结出属于你自己的果实
至于我光的形状、质地以及生命力
全赖你命名
正如未来你的命名
也将赖你的子孙去完成

——舒羽

《为爱命名——给女儿朵朵》节选

2014年——"倾听花开的声音"

择一个美好的春日,一同放歌。2014年的春天,我们朗诵原创诗歌《我只不过是个孩子》《我们活在这里》,朗诵经典佳作《致橡树》《雨巷》,如梦似幻的诗歌带我们享受最美好的春日,憧憬未来每一天的生活。

很多事没有来日方长,
大多只会乍然离场。
是猝不及防的相遇,
是适逢其会的别离。
……
我们活在这里,
将珍视的一切紧紧握住,

趁现在。

——北苑学子　张歆雨
《我们活在这里》节选

2013年——"你是人间的四月天"

伴着蒙蒙春雨,杭州北苑中学举行了以"你是人间四月天"为主题的新春诗会。读"你是爱,是暖,是希望……",用心去感受生活中的爱与美好;读"青春是一本太仓促的书",更加懂得珍惜年少时光;读"朋友啊,那散了一地的,不是花瓣……",述说心中对青春的理解和期盼。稚嫩的声线,却也是满怀深情的。一句句是对春的热爱,一段段是对未来的期待。我们想告诉孩子们,你们就是人间的四月天,最温暖,最明媚,最美丽,最充满希望!

就像纤细的香樟,
尽管无人在意,
也奋力生长,
长成参天的梦想。
……
就像年幼的我们,
虽然稚嫩平常
也勇敢向上,
享受青春的张扬。

——北苑学子　许晴
《青春在张扬》

2012年——"花朵上的春天"

站在路边,不时扯过花枝,探过身子,微闭双目,屏气凝神,与花儿来个深情的亲吻,霎时,心中的那些个小鹿儿立刻撒开了欢蹦着蹄子,看,春天不就停留在这些花朵上,得意腼腆,楚楚动人。这一期,我们请来了《花朵上的春天》的创作者、诗人许顺荣老师,和孩子们一起用诗歌拥抱春天,生命被唤醒着,青春被渲染着,热情被激发着。也许,春天就只是一缕风,一阵雨,一场花事,抑或一种感动。初一年级的老师们朗诵着戴望舒的《寻梦者》,祝福孩子拥有最绚烂的春天。

我绕着内心的方向
冥冥地指引
一圈一圈地在原地打转
抬起头发现原来错过的
不只是流逝的时间
还有回不来的记忆
但我依旧
坚定地,坚定地
走自己的路
像树的年轮

——北苑学子　丁梦秋
《年轮》节选

2011年——"如歌的行板"

这是北苑最特殊的一届诗会,十年来只有这一次是初三的学生参与,而非初一新生,所以,我们取名叫《如歌的行板》。也许,初三的学生更能体会什么是青春,什么是逝去,什么是珍惜……

请给我一首诗的时间
回忆那些曾经的自己
叙述那些美好的雨季

请给我们些许时间

来软化岁月的棱角

——北苑学子　张昊　黄艺扬等

《我们只不过是个孩子》节选

2009年——"青春如歌"

"央视每年都推出新年诗诵会,为什么我们不办个春天诗诵会?"北苑语文组老师头脑中的一个火花,在班级里的小尝试,立即得到了学校全力支持。由语文组老师牵头,学校打造了第一届诗诵会"青春如歌"。没想到,这次尝试不仅深受学生欢迎,而且在学校乃至于社会引起热烈反响。从此,"诗意北苑"的序幕拉开了。

朋友,如果在黄昏

你遇到有人正在穿越麦田

请不要惊讶

惊讶他不惧麦芒的尖锐

双手拨开面前的青穗向最红火处前进

……

耳边只剩呼啸的风声和在风中起起伏伏的青穗

请耐心,你会听到青涩的麦子愤怒地嘶吼:

折吧,只求活过!

无数细碎的声音随风而起向那最红火处去

"折吧,只求活过!"

——北苑学子　沈逸群

《如果你遇到有人穿越麦田》节选

因为热爱,我们选择在每个春日里相聚,为春而歌,为爱而颂,为我们的年少时光写下一首首动人的诗篇。逢着一个好天气,放下所有的牵绊,把心交由阳光来晾晒。

就像2012届学生顾岚菁说的:

"当年对诗歌的爱,是大风萧萧的草莽之爱。还记得十年之前,进入马老师的诗朗诵社团,每周一次的社团课都是一场诗歌的盛宴,我们一起观看诗朗诵的视频,学习诗朗诵的技巧,举办诗朗诵的比赛,在北苑这片土地上,一起为青春的诗行作出密密麻麻的注脚。

有一次我参加诗朗诵活动,朗诵的是《山坡上的野花》这首诗。我在展示之前,一遍又一遍地观看和揣摩'新年新诗会'的视频,琢磨朗诵者的每一句语气,每一次动作,每一个眼神。练习模仿之余,甚至还去花店买了一束野花,最后抱着这束花在台上完成了诗朗诵的展示。

直到现在,想起那时自己的青涩模样还会忍俊不禁,犹记得这首诗中有一句是这样写的——'那逝去的将永远逝去,而我仍然要在大地上继续航行',我就这样带着朦胧的对美的追求,凭着一腔对诗意的热爱,的的确确在诗歌的大地上航行多年。

如今,我已然成为一名初中语文老师,在今后的日子里,我将带着我的学生们一起,继续探索诗歌的细腻与深沉。"

十年了,北苑与诗歌的缘分结得很深,而诗歌留在了每一个北苑孩子的心里,即使,时光远去,即使他们已经长大,但是,那些流淌在骨子里的诗意温暖了生活,滋润了时光,永远怀念,永远陪伴,不曾远去……北苑啊,我们徜徉于青春的时光里,为你读诗……

用声音传递美好，用朗诵丰盈人生
——我与孩子们美好的朗诵时光

姚　婕

我喜欢朗诵

不知从何时起，朗诵成了我生命中最为惬意的部分。

喜欢朗诵，首先是喜欢作品本身。喜欢热血青年奋笔书写的《奔马》，喜欢荡气回肠的《长征颂》，喜欢充满爱国情怀的《中华颂》，喜欢朴实无华的《背影》，喜欢清新跳跃的《春》，喜欢带着惆怅的《雨巷》，喜欢《来生，我依旧等你》的情愫……我以《因为有你》为抗疫前线的勇士加油，用《青春宣言》为建党百年献礼，在一首首诗歌里不断汲取着智慧和力量，体味着成熟和通透。

喜欢朗诵，其次是喜欢朗诵带给我丰富的情感体验。朗诵时想办法把自己置身于作者创作的背景之下、心境之中，倾心感受作者的初心真谛，感知他们的思想和呼吸，此时便是我与作者心灵的碰撞。朗诵时，便可能激情满怀，也可以内敛深沉，亦能够开心快乐，又或许伤心悲悯，种种心绪，让我更为充实丰盈，淡定从容。

喜欢朗诵，还因为专家们诵读时传递出的美好声音带给我心灵的震撼。那大气豪迈的《沁园春·雪》，那桀骜不驯的《将进酒》，那绝望中的呐喊《相信未来》，那优美深沉的《致橡树》，还有那充满万千离愁的《再别康桥》，声声不断撞击我的心灵。他们的声音，如敲金击石，铿锵有力；如春燕呢喃,娓娓动听;如珠落玉盘,清脆悦耳;亦如黄莺出谷,宛转悠扬,令我如痴如醉,欲罢不能。

孩子们喜欢朗诵

孩子们也是极喜朗诵的。

每年的诗诵会,他们都非常兴奋。一个人或几个人甚或是整个班级的同学挑上一首有格调的诗,用清晰、响亮的声音,吟诵出他们对生活的热爱,对未来的畅想。

因为朗诵,他们成了最闪亮的星星,备受瞩目。

邵迪依同学用一首《在天晴了的时候》,在学校的诗诵会上成功赢得专家的认可,她用清脆的声音读出了"泥路"的温柔,"小草"的骄傲,"凤蝶儿"的悠闲……一股清新的乡土气息扑面而来,让人陶醉、向往那清新又怡人的小径!

马瑜、杨天哲等13位同学朗诵的《半山抒怀》,诵出了瑰丽田园的诗情画意与世外桃源的神奇隐秘,他们在半山街道金秋文化体育节开幕式上大放光彩。

胡屹辰同学在第三届中国诗歌春晚浙江分会场粉墨登场,与专家同台,用浑厚动听的声音豪迈演绎《天上的草原》,诵尽大草原的辽阔与美丽,表达出大草原的儿子萌生出的浓浓的思乡之情,成为全场最小的朗诵家。

那首凝聚了学校众多老师心血的《运河如画》,更是北苑学子讴歌新时代的最好表达。

运河啊,好一幅生意盎然的风景画
运河啊,好一幅欢声笑语的风俗画
运河啊,好一幅浓墨重彩的历史名画
运河如画,运河百姓人家,品鱼米茶香,赏花灯,听诗歌,尽享运河当代文化运河如画,这一刻,阳光正好洒下,任风儿,吹乱你我秀发……

蒋敬泽、左西悦等同学深情朗诵的这首诗歌,在第四届中国诗歌春晚浙江分会场上亮相,在拱墅区《拱墅伢儿 幸福如花》艺术素养展示中精彩呈现,在半山街道《潮涌四十年 筑梦新半山》金秋文化体育节上闪亮登场,更是成了拱墅区委宣传部庆祝改革开放40周年大型活动快闪片录制中实打实的主角。

那首经典的《长征颂》,学生再度演绎,依然是气势恢宏,摄人心魄,在拱墅区众多作品中脱颖而出,成功入围杭州市复赛并晋级省级比赛,最终获得省二等奖的骄人成绩。

还有那表达我和你、人与人美好的《我和你加在一起》,那波澜壮阔的《盛世中国》,那深情赞美教师的《您》,无一不是他们对朗诵的喜爱,对美的追求和对人生的感悟。

此时的我,何其有幸,因为在他们成为焦点的背后,有我。此时的我,何其幸福,因为在他们思想变得深邃的过程中,有我。

吴牧芸同学如是说:

宁静的课堂,总能听见生命拔节的声音,这是您在教我们朗诵。您告诉我们,朗诵不是简单的读文字,而是要理解文本,然后依托表现力、创造力做出一个最美的呈现,从"形之于心"到"形之于声"。

我们从《长征颂》归来,我看见,在一步一个脚印的茫茫二万五千里长征路上,多少炎黄子孙迫于饥饿,迫于疾病,横躺在苍白的天地间,指向唯有希望的蓝天,留下的是那独有的长征精神。

千丝万缕的草鞋,三十万赤裸的双足……您描绘着那一途的千难万险,讲述着长征路途上每一段生死离别的悲壮故事。您让我深刻领悟长征不只是历史,也是现实。当年的战争硝烟已经散去,但新长征一直在路上。

您每一次纠正我的错误,也同时在提醒我新的征程与当年红军长征一样将是山水重重,漫长无比。我们更需要高擎起长征精神的火炬,焕发出时代的光芒!

这是我和老师的朗诵时光,带回了一首首壮丽的诗篇……

王皓臣在文章《"踏"一页诵篇》里这样说:

可能对我来说,演说与朗诵就像是这漫漫人生旅途中充满色彩与情感的一段轨道:当我诵起《长征颂》,我仿佛正亲历着二万五千里艰难险阻的长途;当我读到《我的祖国》,我好像能看到开国大典上那二十八响礼炮在天空中华丽绽放,诉说这一令人心神震颤的时刻。每当我在诵读、当我投入全身情感,我都像正经历着一场场截然不同而又美妙绝伦的旅行。为此,我希望自己的生活也能如诵读一般,去经历、去行动,伴着诗篇的赞颂去踏遍这华丽的七彩人间!

我喜欢和孩子们一起朗诵

除了喜欢听孩子们朗诵,我还喜欢与他们同台演出,这自然也是生命中最美好的时光。

在学校的元旦文艺汇演中,左逸豪和严章哲成了我的搭档,一起演绎《中华颂》,畅言对祖国河山的热爱之情,彰显中华儿女的自豪;沈思琪等孩子跟随我一起朗诵《我和老师一起读书》,描绘出师生共同读书的美好画面。

校诗诵会上,我和社团的孩子们一起为诗诵会开场,那首《长征颂》,读出了长征的艰辛,读出了长征者的信念,读出了新和平时代对长征精神的新的理解。

除了尽可能多地带孩子们参加学校的文艺汇演、诗诵会等各种活动,我还希望他们能走出学校,走向校外,开阔视野,增长见识。2019年4月,左西悦等社团的孩子跟随我参加了半山街道《城北崛起望宸诗会》,朗诵了学生自创诗歌《半山繁星》,聚光灯下的孩子们有如半山繁星般璀璨夺目。

当这些瞬间被定格,我觉得生命如此美好。

用朗诵丰盈人生,用声音传递美好。在一抑一扬、一高一低、一虚一实间,我和学生彼此心灵交融。因为朗诵,我们在一起!

孩子们喜欢与我一起朗诵

孩子们纯真聪慧,跟老师同台,他们丝毫不抵触,反而乐颠乐颠的,估计把我当成了后盾,顿觉没有后顾之忧了。

社团的周煜翔如是说:

初识姚老师,是在主持与朗诵社团,我很幸运能和一群热爱主持和朗诵的师生相识,一起度过初中的时光。姚老师的恬静、淡然,是主持者独具的风度。而我,在姚老师的熏陶和三年的锻炼下,也渐渐能够沉稳地主持活动。回首这三年,大大小小的主持和朗诵演出历历在目。每一次接到任务时,我的心情是喜悦而又忐忑的,担心自己稿子不优秀,担心自己表现不佳。还好,我从不是孤军奋战,有姚老师的帮助,我的主持稿从干渴的沙漠变成了生机盎然的田地,我的主持仪态也从窘迫不自如到从容且淡定,我的朗诵水平也有了大幅度提升,从当初简单粗暴地用嗓子发声过渡到比较自如地运用气息,发出有厚度有张力的声音。很幸运,能和姚老师相逢,很幸运,能和一群爱好主持与朗诵的小伙伴相遇。姚老师的鼓励和启发,带着我们一起稳步向前,带着我们感受语言艺术的美好。还记得那一次诗朗诵,皋亭山下,群星汇聚,我们带着少年的稚气,和优秀的姚老师并肩同行。朗诵的美好,夜晚的繁星,感谢同行!

社团的王皓臣的文章《"踏"一页诵篇》如此写道:

"去经历,因为经历是人生最好的养分",这是特仑苏广告中的一句话,也是对于我自小学以来这将近十年演讲与主持生涯的最好写照:我经历了许多,也许是一次又一次年复一年的无休止的背稿经历;也许是与默契的搭档一起踏上主持舞台的经历;又或许是那个细雨绵绵,与同伴在聚光灯下"夜吟楼咫尺,手可摘星辰"的半山诗会的夜晚。主持与朗诵,这与我纠葛至今而又难舍难分、惺惺相惜的二位,确是为我在学习之余平添了良多趣味。

真正系统性正规化地开始学习主持与演讲,那便是进入初中后的事了。初中入学不久,学校开设了多个社团,班主任以"闲话太多,值得锻炼"的理由"独断"地把我和另一个跟我聊的最好的伙计一起给"请"进了主持与朗诵社团。

正是多亏了咱班主任看上了我这碎嘴皮子,才碰上了第一位真正传授了我关于主持朗诵的理论知识的老师;也正因如此,我才有了在元旦晚会、半山诗会等盛大活动上一展风采、广传声名的机会。我这第一位老师,行不更名坐不改姓单姓一个姚字,是一位相当有气质的老师;也许是多年朗诵上台的沉淀吧,她的周身总带着一股子浓郁优雅的自信,走起路来都仿佛一位神圣而不可侵犯的修女。但实际上,姚老师除了对朗诵的感情基调、咬字吐字、肢体语言、表情搭配等方面达到了如修女般的信仰坚定外,其他大多数时候都还是一位相当和蔼可亲、没有架子且带点可爱的Leader。可以说,我今日如此丰厚的演说功底与丰富的演出经历,几乎全部都出自姚老师的识人善任。

社团的潘乐杨这样说:

初一时有幸来到姚老师的"主持与演讲"社团,姚老师三年的陪伴,为我搭建了展示这一爱好的舞台。

"优雅就是得体而精致的外表,丰富而强大的内心,追求完美的心气和接纳不完美的淡定。"姚老师在我眼里,便是这样优雅的存在。社团课的讲台上,她总是亭亭站立,面露微笑、嗓音温和动听地讲课,而我们也总是被有趣的课程吸引,两节课的社团时间在欢笑中呼啸而过。演出时盛装打扮、款款上台、舞台上的气定神闲,皆显从容优雅。

姚老师与我们似朋友般相处。我们有时在她的办公室吵吵闹闹,想法天马行空,她总是笑着回应我们,不感疲倦;姚老师亲自帮我们挑选演出的衣服,尊重我们的喜好;她常常与我们分享自己学到的东西或是自己的故事,没有距离感的聊天,让我们受益匪浅。

而最令我敬佩的,还是姚老师过硬的专业素养。学校的大小文艺活动都有姚老师的指导及参与:我们写的串词经姚老师的润色后更显严谨与生动,主持或朗诵在姚老师的指导下更加成熟有底气。有一次惊险的经历是初二我们与姚老师一起主持元旦汇演时,在我和姚老师对词的环节上,可能是紧张得头脑一空,我竟没有抛出给姚老师的问题,这使对话无法进行。姚老师与我微笑对视一两秒后,立即自述圆场,完美地衔接,这段串词才得以有惊无险地顺利完成。这样的临场应变能力是我们都还需修炼的。

谢谢姚老师出现在我初中三年的生活中,让我在笔尖上的奋斗之外还能有手执话筒吐露情感的一份艺术的寄托。和姚老师合作的时光就像雨濯春尘,抚慰心灵,也将滋润初中以至未来的岁月。

如小桥遇见流水,亦如江南遇见烟雨,我遇见了你——朗诵。就如台湾诗人周梦蝶诗中所言:你是源泉,我是泉上的涟漪。我们在冷冷之初,冷冷之终相遇,惊喜相窥。诗人与光阴相约,我和孩子们在诗歌里相约,用朗诵丰盈人生,用声音传递美好,以美好相约美好,有惊喜,有感恩,每一场都是让人惊羡的!

修尚善之行，明致远之心

——2014—2021学年"尚善德育"工作规划（节选）

杭州北苑教育集团

教育是国之大计，立德树人则是每个学校发展的重点与目标。我校从心出发开展德育工作，深化教育改革，加快教育现代化，在工作中努力践行习近平总书记所说"要给学生心灵留下真善美的种子，引导学生扣好人生第一粒扣子"，凸显我校"尚善致远"办学理念，夯实有温度的教育，让每一个学生经历美好时光，致力于培养具有"励志、笃行、创新"特质的现代中学生。结合我集团实际，特制订本规划。

一、"尚善德育"提出的背景

创造性地开展学校德育工作，使之推进学校优质发展，是一所学校深度实施素质教育的体现。近年来，北苑实验中学提出"修尚善之行，明致远之心"的"尚善致远"办学理念，以此引领学校优质发展，也是杭州北苑教育集团未来发展方向的纲领性、前瞻性教育思路。如今的北苑教育集团将继续秉承"尚善致远"的理念，以"德不孤，必有邻；骥不称其力，称其德也；己所不欲，勿施于人"的道德信仰塑造人，以培养'品德君子、学业才俊、体艺达人'的德才兼备人才为己任。在实施过程中，集团根据实施中遇到的新情况进一步了解了本校德育管理的资源优势和缺陷，对学校德育理念"修尚善之行，明致远之心"方案存在的优势、劣势、机会与挑战（威胁）等加以综合评估与分析，从而在思想认识与实际行动两个层面进行调整，最终通过内部资源与外部环境有机结合清晰地确定了"修尚善之行，明致远之心"规划方案。

二、学校德育现状描述与诊断

为了更清晰地了解学校德育现状，通过 SWOT 即"优势方案"的方法对学校德育进行探索。

(一)学校德育现状描述

1. 学校文化现状

学校文化优势明显，定位明确。具备以下六个要素。

(1)尚善致远的办学理念

教人向善，树立学生基本的道德观与价值取向。在通往"至善"之路上，努力学习，善于求知、实践，引导学生全面发展。

(2)至善学校的办学目标

以"尚善教育"为引领，以"善"为核心，将学校办成一所融入"善"、彰显"善"的特色鲜明的品牌学校。

(3)厚德、博学、求真、至善的校训

"厚德"突出了德育为首的教育理念，是求学治学的前提和基础；"博学"是求学治学的目标；"求真"是求学治学的态度和方法；"至善"是做人治学要达到的完美境界，也是我们北苑教育集团想要达到的最高理想。"至善"是目标，无论教师或学生都需要通过学习，在"仁义礼智"等四个方面促进个人的进步与成长，做到有"善心"、笃"善行"、能"善学"。

(4)知行合一、择善而行的校风

"知""行"统一，教师在工作中，学生在学习上，要选择好的去学，按照好的去做，这样才能把自己变得更好。

(5)有教无类、乐教善导的教风

遵循孔子"有教无类"的教育思想，教师需要一颗"善心"，弘扬师德，善教善导,做德才兼备的好教师。

(6)敏而好学,善思笃行的学风

好学善思,活学活用,并能踏踏实实,坚持不懈地学以致用,使所学最终有所落实,做到"知行合一"。

目前,学校文化也存在一些不足:教育集团顶层文化方案目前还处在效验阶段,还有待于充实完善;教师、学生、家长、社会的价值认同度还不高;德育文化元素还未允分地挖掘,广泛宣传。

(二)学校德育主体现状

教师、学生和家长是学校德育的核心力量,直接影响学校德育成败。在当下各种复杂因素的影响下,也存在着一些不足,例如教师队伍中的职业倦怠、审美疲劳,学生的任性、孤傲、自私、厌学、不服管教,家长对孩子教育的缺位或教育方法不当,都给学校的德育管理带来一定的难度。

三、学校德育管理理念、目标与实施策略

(一)学校德育管理的理念

为了进一步抓好我校的德育工作,基于我校的实际情况,学校确立了"尚善德育"的理念。"善"可以塑造人、完善人,而教育即是要教化人、培育人。在教育中,以"善"为目标,结合儒家经典与现代教育的诉求,从"仁、义、礼、智"中发现"善心、善行、善学",在教育教学中知善致善,不断完善自我,刷新过去,走向至善。

"仁义礼智"构成"善"之四性:"仁""义"立品树德,为人之本,是"善心"的表达;"礼"是行为规范,是"善行"外化之呈现;"智"是现代意义上的"学习",包含了智育、体育、美育,"智"是"善学"的体现。

"善"的哲学定义告诉我们:善是个体运动形成的完好状态。由此,可以明确以下三点。

1."善"之主体:对教育来说,体现在"善的学校""善的教师""善的家长"以及"善的学生"。

2."善"之过程：对教育来说，体现在追求"善"的过程，是一个"达到善""通向善"的过程。

3."善"之目标：对教育来说，"善"的"完好、圆满"体现在实现学生的全面和谐发展。

德育工作是一项立品树人的工作，"尚善教育"在润化与启迪中完成对学生心性品德的培养，崇尚"仁、义、礼"之精神，以此带动学业进步、促进个人的持续成长，在"尚善"的过程中"至善"。

(二)"尚善德育"的四个维度目标

1. **打造至善学校**。以"尚善教育"为引领，立足中华传统文化，结合现代教育的要求，以"善"为核心，打造校园环境，凸显"善"之美，在教师发展、学生成长方面，注重过程性，使其逐渐达到"至善"的目标，在"仁、义、礼、智"四方面体现"善"之意，将学校办成一所融入"善"、彰显"善"的特色鲜明的品牌学校。

2. **培养乐善之师**。仁：爱在心中，以生为本；义：恪守师道，不辱使命；礼：为人师表，率先垂范；智：术业专攻，日益思进。

3. **引领和善家长**。仁：家庭和谐，幸福有爱；义：深明大义，身体力行；智：智慧育子，方法科学；礼：彬彬有礼，以诚相待。

4. **培育至善少年**。"至善少年"有"善心"、笃"善行"、能"善学"，做品格上的君子，行为上的楷模，学识体艺上的达人。

(三)学校德育管理的实施策略

1. **营造"美善校园"环境**

在校园环境建设上，通过视觉传达"美"、表达"善"，以物象彰显校园之美，传达"善"的美好意义。

(1)在走廊、教室内张贴与"善"相关的经典语录；

(2)设立主题雕塑、景观；

(3)建设校史室或校史长廊；

(4)办学理念、校训、校风、教风、学风上墙；

(5)完善校门、教学楼等主题景观；

(6)建设装饰主题场室,包括墙面、书吧等；

(7)进行"美丽教室"评比,在全员参与的氛围中达成环境育人的目的；

(8)成立环保小分队,以小见大,从校园辐射社会,培养"绿色环保"理念。

2.开展"乐善活动"

1)打造"乐善"教师

(1)通过教师会或讲座传播"达善文化"理念；

(2)健全教师评价体系,让老师"行善乐道"；

(3)开展丰富多彩的工会活动,增强教师的工作幸福感；

(4)开展各类学习活动,让教师成为修身增智的乐善之师；

①每月学校推荐一本书给教师阅读；②每月写一篇文章；③每学期举办一次演讲活动；④每位教师有一个研究课题；⑤每学年出版一本教师论文集。

(5)建立教师德育成长体系,让教师成为抚育心灵的良师；

①强化班主任队伍建设,建设德育干部梯级管理人才培养体制；②以系列化主题班会示范活动为载体,落实德育内容；③以"青蓝"教师培养计划为核心,以副班主任(新教师)跟岗、年轻教师成长论坛等活动为依托,打造一支年龄层次合理、德育能力强兼具师爱的班主任队伍。

2)培养"至善"学生

构建尚善德育体系是培养"至善"学生的主要抓手。尚善德育体系由多个重点德育项目组成,相辅相成,互为补充,在不同的德育活动中培养至善少年,达成"立德树人"的育人目标。

(1)成立德育项目领导小组,基于尚善德育理念规划德育项目；

(2)培育重点德育项目,构建尚善德育体系；

(3)构建有想法、重实干的德育干部梯队,保障德育项目有效推进；

(4)成立德育专项督导组,对德育工作进行反馈、督导。

3)培训"乐善"家长

(1)每学期开展一次主题式家长学校培训,为家长提供解决家庭育人问题的路径,形成良性的家庭育人氛围。

(2)每学期举办一次家庭教育经验交流会,让好的经验得到更大范围的推广,帮助解决家长的困惑,形成良性沟通的氛围。

(3)成立家长护校安园服务队,体现爱心、责任与担当,家长的身体力行让学生耳濡目染。

(4)开展家校互动活动,形成教育合力。家校之间相互配合,相互理解和包容,老师和家长始终站在同一阵线,能更好地达到育人目标。

四、尚善德育重点项目

1."四季"德育项目

四季流转,抓住每季的特殊节点设计与之适应的德育活动,赋予时光特殊的教育意义,以培养有"善心"、笃"善行"、能"善学"的至善学生。春天里,读诗办诗会清明缅怀先辈、出游踏青;夏天里,科技节项目如火如荼,退队入团充满仪式感,全员运动会朝气蓬勃;秋天里公益行动如期而至,篮球赛火爆开展;冬天里,红歌大合唱爱国之情满溢,艺术节、社团展示精彩纷呈。

四季德育,四季有固定的德育活动,并结合每年的德育重点适当增加或调整。开展的时间不同,活动主题不同,但育人目标始终是一致的。学生在四季都有不同的期待,校园生活也更加丰富多彩。

2.适龄德育项目

学校根据不同年段学生的心理发展情况,制订了适龄的教育方案。除四季德育外,学校在不同年级有重点地开展德育活动:初一年级开展好习惯养成教育,初二年级开展青春期教育,初三年级开展励志教育。习惯养成教育包括国防教育,制订一日规训等。从学生的起居生活、日常礼仪、课堂要求、课间行为、与人相处等诸多方面规定并进行养成教育,树立做文明公民的意识,促进行为规范的自律。青春期教育包括青春期知识讲座,青春期团辅等,从生理和心理的角度帮助学生更好地了解自我,平稳度过青春期的情绪波动。励志教育包括初三百日誓师、中考助力活动等,在特殊的时刻帮助学生树立信心,坚定信念。

适龄德育,根据学生的身心特点设计德育活动,目标明确,定位准确,效果也就更为明显。

3."常规"德育项目

立足小事,规范行为,提升素养,积极打造礼仪校园。小事不小是北苑德育一直秉承的原则,从小事抓起,从细节入手,培养学生良好的行为习惯和较强的学生身份意识。小事工程涉及方方面面,包括学生仪容仪表的管理、学生不文明用语的教育、学生不遵守规则的行为教育、学生课桌及书包整理的教育、学生保洁意识与爱校情感的培养等。

关注学生的日常行为习惯,一以贯之,始终坚持,是培养至善学子的基础。

4.个性化德育项目

为全面培养学生个性特长发展,学校目前拥有武术、跆拳道、素描、书法、民族舞蹈、管弦乐、深蓝科技、摄影、3D打印、机器人等40多个社团,深蓝科技社多次获得杭州市科技节航模海模各类奖项,牧歌诗社多次参与省市级演出,颇受好评。

学校还开展足球、篮球、乒乓球等特色训练,满足学生的个性化发展需求。多名学生以特长生身份升入高一级学校,开启绚烂的人生。

5.浸润式德育项目

最好的德育,是生活化的德育,是在生活中挖掘德育的素材,收集师生间的真实故事,以情感人,以情育人。《我与你的一段好时光》德育专刊创办以来,已历三年。新年特刊、教师节特刊等,发现了许多身边的感人细节,如随时备着的班主任的雨伞,作业本上幽默又负责的评语,800米同学之间一圈一圈的陪跑,事情很小,但足以动人。

创办德育专刊,将身边的感动记录和物化。将善意和正能量由点到面,积极地影响校园的整体氛围,以达到育人的目标。

6."实践"德育项目

以德育实践"五个一"活动为载体,开展社会实践。寒暑假,每班都组织若干实践小队,社区服务、公益宣传、科学项目考察等,种类多样,在不同的实践小队中培养不同的能力,这是学生追求"至善"的过程,他们在这个过程中不断成长,完善自己。

7."公益"德育项目

"公益"行动与"善"的匹配度极高,有善心是至善少年的底色,组织多种公益行动能让这底色更鲜明。"公益情三年行"是北苑的特色德育项目,初中三年,贯穿始终。爱心义卖,结对助学,爱心读书角创办,每一位同学参与其中,感受帮助他人的充实感和幸福感,收获心灵的满足。

8."生命"德育项目

学生心理问题日益增多,生命教育的重要性日益凸显。开展多种形式的生命教育,对构建学生健康心理至关重要。将心理课纳入课程体系,邀请心理专家、一线心理医生开展心理讲座,学期初进行全面的心理测评,心理老师开展有针对性的个辅团辅。让每一位教师都成为生命教育的重要力量,自觉关注学生的情绪状态,并为学生提供倾诉和交流平台,为他们构建起牢固的支撑系统。

五、保障措施

1. 组织保障

成立"杭州北苑教育集团德育规划领导小组",全面负责规划的实施、德育活动的设计、落实,督促检查与评价工作,为目标达成提供组织保障。

2. 经费保障

认真做好每一年德育活动预算编制,保障活动经费。

3. 科研保障

全员参与教育科学研究,加强核心团队建设,为学习运用先进德育理念提供支持,并为教师搭建科研平台。

4. 监督保障

规划的制订与实施由教代会通过并接受教职工的民主监督。集团对规划实施进行全程监控和评估,以监测目标的达成度。集团主动接受上级部门对《规划》实施情况的监督检查,确保《规划》的有效实施。

第二篇　美好时光

初中三年是一段不短的时光,这段时光如何度过,需要每一个德育人殚精竭虑。如今,"让每一位学生经历美好时光"已经成为北苑的德育理念,我们致力于让学生在校园里感到快乐、充实,感觉到被尊重,同时也学有所获。

时光碎片

蒋勋先生在《此时众生》中说："我想记忆生活里每一片时光，每一片色彩，每一段声音，每种细微不可察觉的气味。我想把它们一一摺叠起来，一一收存在记忆的角落。"我们又何尝不是如此，我们经历着，遗忘着，回顾着，又记录着，于是能少些许遗憾。正如徐燕强老师说的："今年的果实还在叶间青涩着，明年果香却已在花底酝酿了，别说我只是微不足道的苔藓蔓草，生命的绿色也能在石缝中点缀出美丽的风景。"北苑师生的点点滴滴，就氤氲在校园斑驳的光影里。

师生故事一：冬日离别

你的突然离开在我的意料之外。

冬天，暖阳之下，周老师捧着一束花走进教室，我们也都明白，她要离开我们班了。她的离别词很简短，却因为常常哽咽，显得十分漫长，她说道："我在这个学校三十多年了，你们是最后的学生，你们也是我最完美的句号了。我回家之后能做的事不多，最多也就是帮帮我女儿做顿饭而已……"她的声音微弱下去，台下的我们无不泪流满面，那平时我们都惧怕的声音却在此刻回荡在每个人的心里。

"当她褪去了老教师的严厉和尊严，她也只是一个普通的母亲罢了。"

周老师像一盏灯，照亮我的前程，重要的不是你的离开，重要的是我们的相遇,我用尽一切铭记你,温暖无比。

——初二(1)班 周秋瞳

师生故事二:没有落下的值周

轮到我们班值周了,值周是要比平常早起十分钟来学校的,就算我起得再早,公交车最早一班依旧是那个时间,所以平常我最早到校是7点左右。"我们马上就值周了",班主任说道,"那我们要求到校的时间是6:45,大家都不许迟到哦"。这时我的脑子里已经在想要坐什么公交车去学校了,老师突然说了一句"×××同学因为住得比较远,可以和组长请个假,稍微晚一点到校,和组长商量一下好了"。我点点头。

下课后,组长快步走到我身旁,拍了拍我的肩,说:"原来你住的那么远啊,你要请假吗?"和我同组的其他同学也凑上来,"是啊,你住的那么远,稍微晚一点到也没关系的,我们不会怪你的,还会帮你分担工作呢"。顿时,一股暖意涌上心头,带着老师和同学们的这份关心,五天值周我一天也没落下过。

——初一(4)班 吴舒琪

师生故事三:暖心窝的生日

"暖心窝"是多么美好的一个词语,它表达了人与人之间互相关怀的情感。暖心窝不只是语言上的关心,也可以把它融入到实际行动中。

记得那一次我过生日,我把生日蛋糕的照片发到了朋友圈,想让大家送给我一点祝福,可没想到……我过生日的第二天中午,好像听到了有同学谈论我生日的事情,我没有多想,就坐在位置上看书了,没过多久,我听同学说要去老师办公室,和我一起去的同学还有王嫒嫒。来到办公室,老师又说让我去拿试卷,我们便又回到教室去拿试卷,结果刚拿好试卷,余胜斌急急忙忙把我和王嫒嫒推出教室,嘴里还说:"你们赶紧去吧。"听到这句话的时候,我觉得蹊跷,不过没太在意。上课铃响了,老师叫我们先回去上课,打开门一看,同学们唱起了生日歌。原来今天是王媛媛的生日,老师也让我站在讲台上,因为昨天没有庆祝,看着大家给我唱着生日歌,我的心里很感动,像被火包围着,全身暖暖的。

——初一(8)班　陈雅洁

师生故事四:藏匿着的温暖

初三的学生们埋首于书卷之间,为中考而奋战。然而,他们从不孤单,因为身边除了家人和共同奋斗的伙伴,还有一群老师与他们同甘共苦,仰望星空。

初三(2)班同学眼里的马红敏老师,和蔼可亲,内心细腻。她平时教学极为认真负责,课堂上总是有着轻松愉快的学习氛围。学生在本子上写下:班主任马老师,她每天总是很早到校,很晚离开,班里发生的大事小事都会亲自处理,即使身体不适也坚持来校,极为敬业。同学们在学习生活上有任何问题,她都会第一时间耐心为同学们解答。

初三(4)班胡越同学回忆到:记得有一次第五节课下课,罗老师告诉我们有问题可以去问她。尽管那天不是物理晚自习,她仍在办公室里等到我们晚自习结束。她不仅帮我们解决了问题,而且还把要点给我们圈划出来了。等到我们回家了,她依然在办公室里,为明天的物理课准备着。

深深的话我们浅浅地说,长长的路我们慢慢地走。

——毕淑敏

带着这些美好时光碎片,抬头看暖的日光,低头看前行的脚步,我们慢慢地慢慢地,坚定地往前走……

时 光 语 录

　　《小王子》中有一句话:"使生活如此美丽的,是我们藏起来的真诚和童心。"我们有时候并不是刻意隐藏的,只是那些美好的东西在日常的忙碌中被我们忽略了。那些琐碎的,平常的,普通的,在时光的淬炼中逐渐变得珍贵而难以割舍。是不是有这样的一个时刻,我们将它们找出来,一一细数,然后妥善珍藏,某一天,当我们再次想起,还是会再次被他打动,因为这是一段我与北苑的好时光。

同学故事一:留存着她温度的围巾

　　那一日,正是一个阴雨连绵,潮湿而阴冷的傍晚,我和我的朋友一同从校门出来,来到车站等车。街上的行人撑着各色的伞从我们身旁走过,街上五光十色的霓虹灯倒映在路面的水洼中,显得街景更加清冷。我身上的衣服此时显得格外单薄,冷风夹着湿气像一把把尖刀刺得我浑身发抖。我感到我的手背冻得像冰一样僵硬,几乎拿不住伞。朋友看出了我此时十分冷,关心地问我:"你冷吗?"我摆了摆手,身体却诚实地打了个寒颤。她摘下来她的围巾,还没等我反应过来,那条还带着她温度的围巾就围住了我。我顿时感到一股暖流涌过我的心田。似乎在她那明媚的笑容下,所有的寒冷都被驱逐一空。

——初二(5)班　陈伟玮

同学故事二：谢谢

温情的产生总发生在渺小一瞬，给予人的力量却从不渺小。

到了卫生委员康新宸给同学测额温的时间了，可是她却迟迟没到岗——她被一道马上要上交的题目困住了。同学们都催促着她去测温。学委吴金辰走到她身边，问："交作业了，还没写好吗？"她略显着急地说："快了快了，一道题！"神情却怎么也不像快了的样了。吴金辰了然于心，放下了手上其他的事，轻声告诉她解题的思路："你看啊……这样……剩下的会了吧？"康新宸连忙把剩余步骤写全，向她说了一句谢谢，然后又匆匆上去测额温。

我想，这一句"谢谢"并不只是两个字，还有什么呢？大概是些许温情吧。

——初一（3）班 周雨情

同学故事三：雨天那个她

好像……下雨了呢。

"完蛋！我忘带伞了啊。"漫天飞舞的雨珠丝毫没有要停止下落的意思。红豆般大小的雨珠快速的坠落在小水潭中，发出"啪嗒""啪嗒"的声响，扰的人心烦意乱。真倒霉，唉，看来只能淋雨咯。正当我要走时，一个熟悉的声音在背后将我叫住。她唤着我的名字，奔了过来，上气不接下气地说："别走啊，我带伞了，一起回家吧！"她挥了挥手中的那把蓝色印花伞。此时的她，似是一位仙女，温柔又可爱。啊，真好！不用淋雨了呢，也有人陪了呢。

"那走吧~"

"嗯嗯！"

下雨的冬天，好冷啊，可是我的心却暖暖的。

——初二（2）班 刘忆佳

同学故事四：红黑蓝

这一天黄昏，太阳的余晖落在我的书房，我望向桌上，看着一张在昏沉的阳光下发出不那么耀眼的光的"画卷"不禁陷入回忆……

那一天，粗心的我连英语笔记本都忘记带了。课堂上大量重要的知识点无法在有限空间的书中有序、完整的记全，这使我很懊恼。而且在英语课下课后，我们就开始了一场考到放学时间的考试，完全没有足够的时间让我去向同学借笔记完成补充。而考试结束时，老师办公室的门已经冷冰冰地将我隔绝在外。我理好书包，发现书包里有一张写满英语课堂笔记的，用红、黑、蓝三色笔所写的纸。一看这字体，看向了她那空空的座位，庆幸着，脸上洋溢着喜悦。复习了一遍笔记，这一天的英语作业仿佛就像早就做过一遍似的，行云流水。做完作业后，我将笔记在自己的笔记本上又誊抄了一份。次日，我向她道了谢，她一如既往地大方地说着"多大点事儿"。

我的思绪飘了回来，注视着书桌上那份誊抄的笔记，这时笔记的三种颜色在黄昏的映衬下显得五彩斑斓，好似一幅画，不过多了一种色彩——友谊。

——初二(5)班 王艺文

同学故事五：她的第二双脚

我们班的廖媛在下楼梯时，摔肿了脚，去了医院。当她来到班级，只见她的脚上绷着一圈又一圈厚厚的绷带，只能一瘸一拐的走路。视线向她的右侧移去，站着一个满头大汗的人，面部通红，不是她的好朋友孙雨晴吗！一问才知，孙雨晴知道今天廖媛要来学校，但脚不方便，且她妈妈也不方便进入学校，就等在校门口，见到她就一步一步地扶着她上楼。不管是中午吃饭还是下午放学，她都无时无刻地帮助着廖媛，在廖媛脚受伤时，她变成了她的第二双脚。她们深厚的友谊温暖人心。

——初二(7)班 章乐宜

时光拼图

已经故去的林清玄先生说：每个人的心里都需要一个人、一棵树、一片草原、一间木屋、一个故乡，也许不必真实存有，却是一个不变的碑石，在每回想起、每次相遇，有一点光、一点温暖、一点希望。在北苑，我们遇见了一些人，遇见了一些事，迎来了满满福气。

爱国福

用坚韧和朝气致敬军人
——杭州北苑实验中学及杭州市桃源中学国防教育

2019年8月27日，杭州北苑实验中学和杭州市桃源中学为期三天的国防教育在桃源中学正式拉开帷幕，校园响起了嘹亮的口号声，展示着生机勃勃的朝气。烈日下、操场中、红旗边、方阵间，青春风采完美彰显。古人云："天将降大任于斯人也，必先苦其心志，劳其筋骨，饿其体肤。"学生们的军训正是如此，其中有苦咸的汗水，更有欢乐的笑声。嘹亮的军歌让他们的疲惫一扫而光，飒爽的军姿展现出他们青春最美的模样。

用青春和激情献礼祖国
——杭州北苑实验中学及杭州市桃源中学秋季运动会

丹桂飘香过，枫叶送红来。2019年9月28日，正值新中国成立70周年，杭州北苑实验中学、杭州市桃源中学隆重召开秋季运动会，用青春和激情献礼祖国。运动员们似流星、如闪电,点燃了北苑绿茵场上的激情,点燃了对祖国的热爱之情。他们犹如祖国母亲怀中的娇儿,自豪无畏地绽放青春的花朵,大展雄姿……

用艺术和热情放歌时代
——杭州北苑实验中学及杭州市桃源中学2019社团展示暨2020迎新文艺汇演

12月20日,值此辞旧迎新之际,杭州北苑实验中学、杭州市桃源中学举行了"放歌新时代,共筑青春梦"社团展示活动暨迎新文艺汇演,这是属于北苑人、桃源人的一次狂欢,也是庆祝新中国成立70周年的一场盛会。本次汇演充分展现了北苑、桃源学子的青春风采和艺术天分。合唱社团铿锵有力的歌声为汇演活动画上圆满的句号。

富强福

安全为成长护航

2019年11月21日上午,杭州北苑实验中学的全体师生进行了紧急疏散演习。此次演习遵循安全第一、预防为主的原则。演习提高了师生们应付紧急安全事故的能力,使师生们知道在紧急疏散时要注意的事项、疏散的路线,为日后发生安全事故时的紧急疏散提供应对经验,同创消防安全,共享和谐校园!

健体为未来保驾

"印象最深刻的事儿无疑就是班主任带我去爬半山了。那一次,老师带我们'旷'了两节课,去外面逍遥自在了。外面的天气不甚晴朗,我们的内心更是比大晴天还要灿烂。男孩子们一如既往地精力充沛,而女孩们则是不紧不慢地欣赏沿途的风景。人生是不顾沿途的美景,只愿冲向顶峰获得胜利;亦或是不顾最终的结果,只愿欣赏人生路上那些不可错过的美景。而做出选择后,结局究竟如何,又有谁知晓。不如先思考当下,看着靓丽青春的背影,可以肯定的是:咱班是最幸福的班级,未来也是最美好的未来。"

——初一(1)班　董蕊燚

竞技为远航扬帆

在持续了将近一年的中小学生科技节比赛中,北苑可谓硕果累累,新获科学考察二等奖、车模比赛团体二等奖、海模比赛团体二等奖、空模比赛团体一等奖、益乐类比赛团体一等奖。我校多位学子在科技节竞赛中获得佳绩,而这些成绩,全都是你们努力的见证与回报,是你们创造性思维和认真严谨、精益求精的良好品质的体现。远航吧,北苑学子们!

和谐福

一根绳牵动每颗心
——杭州北苑实验中学拔河比赛

忘不了那个下午,我们同心协力,共同奋斗的时刻。那是一次全年级的拔河比赛,没有太多训练,仅凭一点相关知识与经验,以及临时的动作指导就上了赛场。表面上说着重在参与,却早已做好拼尽全力的准备。攥紧绳子,它将我们四十一位同学的心连在了一起。哨响,绳子挪动的每一寸,都牵动着我们的心。一瞬间,心中除了尽力拼搏,再无杂念;耳畔除了呐喊加油,再无异声。每个人献出一份力,才成就了一片欢呼!最后的结果,我们虽败犹荣。因为,我们拼尽全力,共同努力过。

——初二(5)班　王皓臣

一个日子共叙北苑情
——杭州北苑实验中学及杭州市桃源中学第35个教师节
庆祝大会暨师徒结对仪式

在这秋风送爽的时节,我们迎来了第35个教师节。2019年9月6日下午,全体教师欢聚在崭新的桃源中学报告厅并进行师徒结对仪式。桃源中学初一年级30多位新生深情朗诵了一首诗歌《您》,为庆祝大会拉开了序幕。热闹非凡的互动环节,也是教师们尽情享受节日狂欢的时刻。

友善福

一份礼物,一片关怀
——杭州北苑实验中学给每位学生送大礼

2020年1月13日,学生们将在学校上完本学期最后一天课,迎来真正的大假。在学生对二十几天的假期充满期待和兴奋时,杭州北苑实验中学给孩子们准备了一个意外的惊喜。今天的水果不是一个一个的,而是整盒整盒的! 这个大手笔的动作,着实惊到了好多人,也让孩子们脸上笑开了花。生活需要仪式感,在平淡的日子偶尔来点惊喜,送一件特别的礼品给父母家人,或是收一份精美的礼物,便给略感枯燥的学习生活带来诸多快乐,让我们在平凡又琐碎的日子里,找到诗意的生活,找到继续前进的微光。

意料之外获惊喜,春风化雨暖心田
——致生活中学生给予的不经意间的小美好

生活是一杯清水,你放一点糖,它就甜;放一点盐,它就咸! 生活的甜与咸不仅仅取决于我们自身,而且还会深受周围人的影响。虽然,学生有时令老师们心生闷气,但有时又变成爱的化身,为我们的生活注入甜蜜与感动。

时 光 剪 影

今天听到了一首歌,朴树的《平凡之路》,当那些男生弹着吉他唱着"我曾经像你像他像那野草野花,绝望着,也渴望着,也哭也笑平凡着",突然泪流满面,我不知道大家近年来都遇到了什么人,经历了什么事,但是生命中总有那么一些感情和记忆会瞬间击中你,击中我们心里最柔软的部分。也许我们都很普通,像那棵野草野花,随意开在世间的角落里,哀伤着,痛苦着,但也一定渴望着,努力着,那就让我们继续平凡着,又哭又笑地经历着,因为树在,山在,大地在,岁月在,我们在,北苑在!

我望着窗外的那棵香樟树,它已陪伴了我整整两年,我看到它茂盛过,也看到它凋零过。我们在它下面乘过凉,也在它下面聊过天,在北苑,一切似乎都是那么完美,我是北苑的孩子,这是让我感觉温暖的一个地方,这里有我和蔼可亲的老师,有朝夕相处的同学,还有在树上跳动偶尔让我分神的松鼠!北苑啊,我是真的舍不得你啊!

——初三(1)班　陈卓艳

"成功的花儿,人们只惊慕她现时的明艳,然而当初它的芽儿,浸透着奋斗的泪泉,洒遍了牺牲的血雨。"三年前,不经意间散步至此,这流传千古的名言刻在石板上,熠熠生辉。抬头望去,在这石板背后,便是一个富有书香气的学堂——北苑中学,看上去不大的学校,没有光鲜的外衣,但肯定培养出了很多莘莘学子吧!2016年那天,我在北苑门前留下了第一张与它的合影,心中溢满无限期待。

三年后的今天,一丝秋风吹走了稚气,一张录取通知书送来了捷报。崭新的校服上,"北苑"两个红字,让人激动不已,我终于以一个初中生的名义走向北苑校园,眼前还是三年前那熟悉的场景,句句名言依旧呈现在眼前,我的心境却大不相同了。今天的我正怀着梦想,带着希望,即将开启新的征程。

子曰:"逝者如斯夫,不舍昼夜。"不知不觉间,在北苑的学习生活已有一月有余,年级大会上,一张学习之星的奖状,两支北苑中学的笔,令我百感交集。那两支笔上,浓浓的"尚善致远"四个字映入眼帘,这四个字我也曾在校园中的石碑上看见,这便是北苑的校训。"尚善致远",在这一个月的学习生活中我仿佛有所体会,我将认真践行,将它铭记心间。

北苑是我织梦的地方,北苑是我逐梦的地点。在它广阔的胸怀里,我用心书写自己新的里程碑,北苑中学,"我"和"你",必将"毅"路同行……

——初一(5)班　杨梦琪

已是夏末之夜,昂首望夜空,淡云朗月悠然自得。于风的间隙间,几缕微芒撒落眼眸。淡淡地,静静地,隐匿在云间,不与月争辉,只是点缀浩渺的夜幕,微弱的光细腻而绵长,柔软了我,柔软了我们。

学生来了又走,走了又来,唯有你始终伫立在半山脚下。万千学子赶赴三年之约,我就是那其中一个,刚好遇见你。

沿着宽敞的马路,还未进校门,就已能看到空旷以及被我们倾注了无数感情的操场。跑道四周树木常青,在成片树荫投身的阴影里,我们与光斑共舞,曾围坐一起畅所欲言,谈笑风生,多想时光停留在那一刻,停留在我开怀大笑的面容上,任秋风恣意涌动,唯我们不变。

听青春的乐章奏响,也许只有努力学习,才能镌刻最动听嘹亮的音符。三年之路,漫长且艰难。无数的起点和终点,反反复复,来来回回,这其中纵有趣意盎然,更多的是枯燥难耐。但我们会比任何人都感谢这三年,在北苑的初中时光。

如果用画笔描绘我与北苑,那一定是浓墨重彩的一笔。皓月当空,你只是一颗星星,却照亮许多人前进的路。星辰微小,却光芒绵长。

——初二(5)班 潘乐扬

仰头望天

看见枝丫间的你

也在望天

顿觉时光

被阳光照得悠长

——初三(6)班 蒋永晨

我看见光影斑斓

那是喷薄而出的朝气

闪耀在金灿灿的校园天地

——初三(5)班 刘　畅

你是年少胭脂

我是眉梢缕烟

你笑颜展

我心儿开

你散幽香

我觅甜来

——初一(8)班 吴泽浩

斑斓的季节

临时驻扎在校园

而曲径的那一头

我的未来

你是否满怀期待

翘首以盼?

——初一(5)班余思齐

  前两天碰到马红敏老师背着相机走过,她说,后大楼前的两棵玉兰开得有些败了,前几天去拍的时候它还没开呢!不由想到徐燕强老师诗意地评论:楼还是原来的那楼,花已不是原来的花;你看到的一定是我也看到的,我想着的未必是你所想的。赏花的人赏的是风景,拍花的人拍的是心情。你笑了,花也笑了;你哭了,花却还是笑着的。愿我们都有属于自己的花期,应景而开,适时而谢!

第三篇　活力篮球

　　北苑实验中学在全国学校体育联盟(教学改革)的精神、宗旨引领下,创建篮球一校一品,围绕篮球最基本的运球和传球技能进行普及,并创编了一套集运球、传球、移动、单人、多人配合巧妙组合,呈现阳刚与阴柔之美,将运动技能和艺术素养融为一体的篮球技能操。

活力篮球　魅力校园
——全国体育联盟(教学改革)暨北苑实验中学首届篮球特色全员运动会

蓝　敏

2015年,北苑实验中学加入全国体育联盟(教学改革),以"活力篮球"作为办学特色项目,积极开展群体性篮球活动,促进学生体质和综合素质的提高。北苑以惯有的开拓精神,创建篮球一校一品,创编了一套集运球、传球、移动、单人、多人配合巧妙组合,呈现阳刚与阴柔之美,将运动技能和艺术素养融为一体的篮球技能操,为体育精神做出了最好的注解。

2016年10月28日,全国体育联盟(教学改革)暨杭州北苑实验中学首届篮球特色全员运动会在杭州北苑实验中学隆重举行。这是一场友谊的盛会,一场运动的盛会,更是一场团结的盛会。

出席本次运动会的嘉宾有全国学校体育联盟(教学改革)主席毛振明教授,全国学校体育联盟(教学改革)副秘书长姚明焰教授,全国学校体育联盟理事程洪涛教授,《中国学校体育》副主编李兵,拱墅区政协副主席钟黎明,浙江省教育厅体艺处、浙江省中学生协会副秘书长沈叶庆,拱墅区教育局副局长刘海炎、赵群筠,拱墅区教师进修学校校长沈旭东,浙江省体育教研员余立峰,浙江省体育特级教师董玉泉,浙江大学体育系教授陈南生,杭州市体育教研员周晓明等。来自全省各地市区的近200位体育教研员、全国学校体育示范学校的校长和老师们进行了观摩。大关中学、行知中学、康桥中学的运动队和北苑全体师生共同参与,友谊在运动中得到升华。

此次运动会是一场篮球运动的盛会。首先，章继钢校长致大会开幕词。这是北苑实验中学第一次以篮球为主题举办运动会，第一次以红黄两队的形式举行全员比赛，第一次那么多领导专家聚集北苑共赏运动盛会，预祝运动会取得圆满成功。紧接着，北苑实验中学初二年级全体同学带来了精彩的篮球操展示。只见运动员们步伐整齐，传球迅速，气势如虹，激情满怀，展示了他们灵敏、速度、力量、协调的身体素质。接下来，北苑初一初二同学分红黄两队以十六个方队出场。他们分别进行了篮球基本技能综合练习、四角传接球和趣味投篮比赛。初三同学进行的是掷实心球和200米赛跑。比赛场上运动员们各个争先，观众们人人呐喊，全员参与，盛况空前。

　　奔跑声、加油声、投篮声、赞叹声，此起彼伏，现场气氛达到高潮。经过激烈的角逐，红队领先，拱墅区教育局副局长刘海炎、赵群筠为他们颁优胜旗。最后，全国学校体育联盟（教学改革）副秘书长姚明焰教授讲话。她说，这次到杭州，来拱墅参加全国体育联盟（教学改革）暨杭州北苑实验中学首届篮球特色全员运动会，首先感受到了大家的团结，所有工作井井有条，大家合作得很好；其次，发现北苑乃至拱墅孩子的快乐；再次是北苑中学因为篮球这项运动的开展显得生机勃勃，魅力无穷。

　　有付出就有收获。看，北苑学子的激情勃发、活力四射。他们整齐划一的步伐、活泼多变的队形、阳光跃动的身姿在向我们展示北苑特有的魅力。舞动篮球、活力北苑，这是一个全新的开始！

活力篮球，寓教于乐

章继钢　曹　俊

【设计与定位】

"活力篮球"是我校充分依托"全国篮球示范特色学校"的软硬件条件优势，根据学生核心素养发展的基本要点和篮球运动的特点所设计的德育项目。本项目以育德、健体、启智三大素养为培育方向，全力围绕"篮球"，深度挖掘资源，并结合《韵律篮球操》拓展性课程，以浸润、陶冶、体验、迁移为主要方式，充分发掘和利用篮球运动中包含的环境育人和实践育人等丰富的育人功能，由此开展立德树人教育。

如品格教育——在比赛中体验逆境，规则教育——遵守比赛规则，集体教育——团队协作，沟通能力培养——学习与裁判、教练、队员等的正确沟通方式，情绪控制力培养——正确看待比赛中的错误判罚，专注力培养——在传球等课堂活动中能保持高度注意力等，寓教于乐，从而以球育德，以球健体，以球启智。正如蔡元培先生所说"完全人格，首在体育"，我校通过不断深化"活力篮球"德育项目，实现培养"爱自己，勤于学习；爱他人，乐于合作；爱集体，勇于担当，追求卓越之心"的"三爱一心"的北苑致远学子这一育人目标。

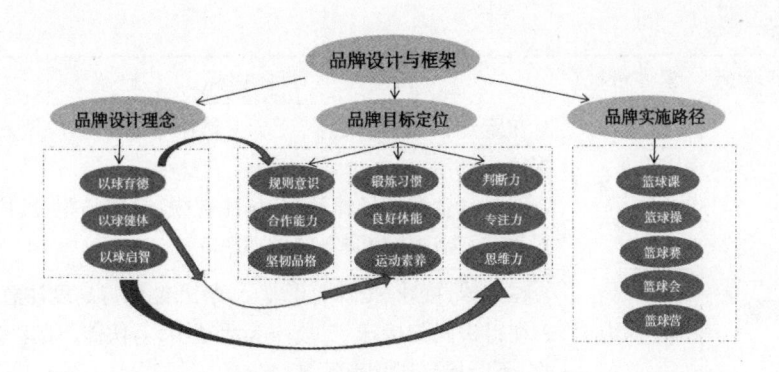

图1 品牌设计与框架图

表1 "活力篮球"育人目标系统

素养培育	素养目标	具体指标
育德	规则意识	1.说得出篮球比赛规则； 2.部分学生能做篮球联赛的裁判； 3.能正确处理联赛中有争议的判罚等。
	合作能力	1.感悟团队（篮球操、啦啦队等）展示时的集体美； 2.部分学生具备一定的赛场领导力和组织力； 3.能与训练伙伴、队友、裁判等进行良好沟通。
	坚韧品格	1.体验比赛的顺境和逆境； 2.感悟"胜不骄,败不馁"的比赛精神； 3.在教师帮助下,能正确处理面对艰苦训练时的不良情绪。
健体	锻炼习惯	1.学会劳逸结合,坚持大课间的锻炼和展示； 2.能制订假期锻炼计划,按照老师要求完成篮球及其他项目练习； 3.部分体训队、篮球队成员能合理安排文化课学习和体训时间等。
	良好体能	肺活量与体重指数、1000米（男生）、800米（女生）、25米往返跑、立定跳远、掷实心球、跳绳、篮球运球等达到《国家学生体质健康标准》,合格率达到95%以上,优秀率达到15%以上。
	运动素养	1.会运球、传球、定点投篮、三步上篮； 2.部分学生能比较好地执行教练的战术意图。

059

续表

素养培育	素养目标	具体指标
启智	判断力	1.在定点投篮、传接球、三步上篮中手、眼、脑协调一致,提高成功率; 2.部分学生在半场比赛、全场比赛中,能准确跑位、传球、投篮,提高进攻和防守的成功率。
	专注力	1.在传球、接球、抢球等课堂活动中,能保持高度注意力; 2.在行进间传接球、二攻一等活动中,与伙伴一起沟通协作,不断提高成功率等。
	思维力	1.能说出篮球赛的场上分工和位置; 2.能预测分析比赛的走向; 3.部分学生看得出一些篮球比赛中的战术执行情况等。

【路径与实施】

根据"活力篮球"德育目标系统,在分析学校硬件和师资情况的基础上,学校统筹规划课时比例,体育教师编写校本篮球教材,设计篮球技能操,筹备趣味篮球运动会,以每天一次篮球技能操,每周一节篮球课,每学期一次篮球联赛,每年一次篮球全员运动会构建"活力篮球"德育品牌内容体系。

1. **设计凝聚集体智慧的篮球课**

每周一节篮球课是活力篮球课程的基础,主要用于篮球规则、运动技能和篮球操的学习和训练。根据初中生身心特点、篮球教学特点和《国家学生体质健康标准》,雨天开展规则学习和比赛欣赏,晴天把体能训练与篮球技战术训练相融合,备课组开发了"四角传球""趣味投篮""盯人抢断"等多种游戏和练习项目。篮球看似简单,其实难度很高,不经历足够的训练磨砺不足以打好球。通过篮球训练和比赛,学生不仅获得了传球、运球、投篮、移动等篮球基本技能,更使自己的自信心、意志力、进取心、自我控制与约束等方面得到了良好的发展,并培养了团结协作、文明自律、遵纪守法、尊重他人的道德品质和集体主义精神。

2. 创编节奏鲜明、团队合作的篮球操

在开发和自编篮球校本教材的同时,课题组根据篮球运动的特点创编了篮球技能操,以丰富学生大课间的活动内容。

技能操的编排充分体现了篮球运动的特点:有单人、双人和集体配合的动作,有队形变化,尽量没有违例动作;加入了素质训练的动作,让篮球动起来;精心组合了运球、抛球、传球、移动换位等篮球基本技术动作,编排合理,节奏鲜明。

协作意识是篮球运动不可缺少的内容之一,篮球运动的集体性规律,充分体现在协同配合和团队作风之上,表现为球场上每个个体的行动都要服务于整体的目的和要求,依靠集体力量,发扬团结拼搏精神。作为一项集体展示项目,学校把篮球技能操的训练、展示活动与学生责任意识、集体意识的考评紧密结合。学生处对学生的进场、练习、展示、退场各个环节进行严格要求,考查学生进出场的秩序,动作的整齐和协调性,充分发挥了篮球操多方面的育人功能。

3. 举办面向全体、体验规则的篮球联赛

学校在普及篮球基本技能和知识的基础上,着力抓好篮球梯队建设,做到人人玩篮球,班班有球队,常常有球赛。

学校每学期组织一次年级联赛。学校篮球联赛的胜负是次要的,主要目的在于营造篮球文化,促进学生参与,让学生在比赛和观看中体验规则,得到乐趣。

为了让联赛能够面向全体,课题组不断改进联赛方案,规定各班全体参与,组建班级啦啦队,开展女生联赛,提高联赛的学生参与度。学生处和学生会还选拔学生裁判,让其担任比赛计时员、记录员和裁判员工作,满足了部分热爱篮球运动但技战术水平不高的学生的需求。

个体社会化过程中首先要面对的是建立好人际关系。人际关系反映了人与人之间互动连带中所获得的心理满足。没有相互交往,个体的社会化过程就无法实现。而面向全体学生的篮球联赛提供了人与人互动交往

的机会,有利于学生养成规则意识,学会沟通技巧,有利于个人更好地发展。

4. 召开凸显趣味、全员参与的篮球运动会

针对传统学校运动会突出竞技,大部分学生只能作为旁观者的情况,学校设计篮球全员运动会。全员运动会打破了以年级与班级为单位的比赛格局,把全体学生分成红、黄两队,所有学生参加所有项目,计算项目总积分,高者为胜。首届篮球全员运动会设计的比赛项目有:绕障碍运球+胯下绕8字+绳梯脚步练习+运球三步上篮、四角传接球和趣味投篮。篮球全员运动会实现了项目创新、全员参与,深化了学校篮球文化的建设,培养了学生参与篮球运动的兴趣,助学生树立群体意识,培养勇敢顽强、机智果断、胜不骄败不馁的优良品质和遵纪守法、团结合作的集体主义精神。

5. 发展着眼技能、参与竞技的篮球训练营

学校加入全国学校体育联盟以来,与"奥廷"俱乐部合作,组建训练营,选拔学生组成校篮球队,参加市区联赛,满足特长学生发展需求。

校队队员在学好文化课的同时,早上六点半到七点半,下午四点半到五点半,每天坚持训练两小时,双休日和寒暑假也从不间断。艰苦的训练,强大的对手,一波三折的比赛过程,造就了学生的坚韧品格,提高了技战术水平。在角逐中,面对挑战、疲惫,学生咬牙坚挺,为自己的荣誉、团队的荣誉、学校的荣誉而战;在角逐中,学生在赛场上肆意驰骋,赢球的汗水与输球的泪水交织着,为自己的成长铺就一条条康庄大道。2017年,校女子篮球队获得区初中校园篮球赛冠军,市第五名和体育道德风尚奖;2020年校女子篮球队斩获第四名佳绩,男子篮球队勇夺第八名佳绩。

表2 "活力篮球"德育品牌内容

内容体系	具体目标	具体内容
篮球课	了解篮球运动,学会篮球技能,提高学生体能。	1. 了解篮球运动的起源、发展、现状、规则等; 2. 能运球、传球、抢断、上篮等; 3. 练习25米往返跑、盯人、带球跑、抢球等。
技能操	强化学生的球感,发展力量、柔韧和协调性,感悟韵律与节奏,提高集体意识。	1. 编排练习篮球基本技术为一体的篮球操,节奏鲜明; 2. 有单人、双人和集体配合的动作,有队形变化,主要以年级为单位展示。
篮球联赛	运用篮球技术、战术竞技比赛,加强团队精神和提高班集体凝聚力。	1. 每学期一次,以班级为单位组成篮球队、啦啦队,学校成立学生裁判组; 2. 根据联赛组织程序组织比赛,运用规则、技术、战术开展班级间的篮球比赛。
篮球全员运动会	激发学生对篮球的兴趣,提高学生的集体意识与合作能力。	1. 开展以趣味篮球项目为主的全员运动会; 2. 以班级为单位,全员参与,以团队的成绩评价优胜。
"奥廷"篮球俱乐部	为对篮球特别有兴趣的学生或特长学生提供发展平台,提高篮球队竞技水平。	1. 假期以夏令营形式开展篮球训练; 2. 组织学校男篮和女篮展开日常的专业训练。

【成效与特色】

1. **篮球课程校本化实施**

学校把篮球作为立德树人的重要载体,结合各年级学生身心年龄特点、篮球运动规律和篮球的教育功能,自主研发了《韵律篮球操》校本课程,在篮球活动中开展规范、团队、品格等德育教育。《韵律篮球操》获得杭州市精品课程,论文《基于核心素养的学校"活力篮球"课程体系建设》在《中学学校体育》2017年02期发表,《全员运动会——篮球特色项目》在《体育教学》2017年6期发表。课题《基于核心素养的初中活力篮球课程建设的研究》获得拱墅区第16届优秀教育科研成果二等奖。

2. 篮球文化提升学生核心素养

"活力篮球"德育项目的实施发展了学生多方面的素养,学生们的规则意识、合作能力、集体意识得到了发展,篮球技能、身体素质等得到了全方位的提高。

我校曾专门制作了学校文明指数测评表,从3个方面、9个大项、25个小项着手,评估课程实施前后学生文明行为的变化情况。测量和统计结果表明:德育项目实施后,个人文明行为、集体活动表现和社会公益活动三个方面的学生文明指数均有明显提高,其中服饰仪表、集会纪律、社会规范项目提高明显。

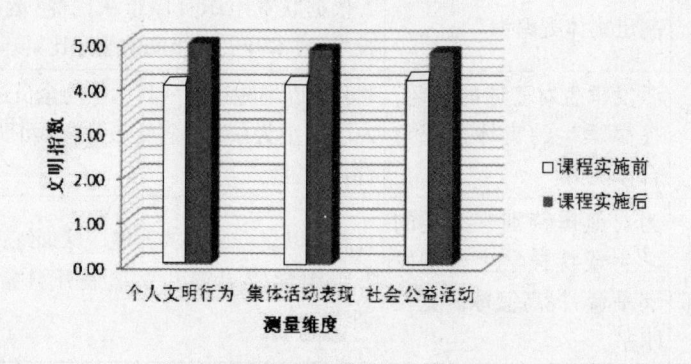

图2 课程实施前后学生文明指数比较

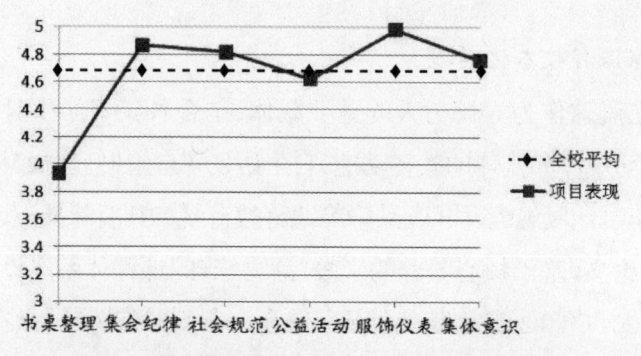

图3 学生具体项目指数与学校总平均的比较

3. 学生多元评价机制真正落地

"活力篮球"德育项目的实施,让多元评价机制真正落地。过程性评价、表现性评价等多种评价方式相结合,学生自评、互评,多种教师角色参与评价,增加了学生的自信心,也让他们的校园生活更快乐。

表3 "活力篮球"多元评价体系

评价对象		评价内容	评价手段
群体(年级、班级)		团队的规则意识、集体主义精神、合作精神	学生处、年级组、学生会、班主任评价团队在技能操、全员运动会、联赛中的表现
个体	基础性评价(全体学生)	篮球规则	任课教师通过考查或考试测试学生成绩
		篮球技能	
		身体素质	
	发展性评价(特长学生)	学生裁判的裁判水平	体育教师考查学生裁判的裁判知识和裁判手势等
		篮球队学生的文化课水平和篮球运动水平	球队教练评估学生场上表现,与学科教师一起跟踪学生各学科成绩

4. 形成学校特色,扩大社会影响力

随着实践的深入,学校的"活力篮球"德育项目逐渐成为学校的特色。篮球技能操在全国、省、市、区不同层面展示,获得广泛好评。2017年5月,"运动吧,以未来的名义"——第十一届全国学校体育联盟(教学改革)现场展示活动及研讨会在我校隆重举行,全员参与、活力四射的全员运动会得到《杭州日报》《浙江教育报》等多家主流媒体的报道。在市、区初中生篮球联赛中,学校男篮、女篮也取得很好的成绩,2020年获市女子第四名、男子第八名。

学校正通过活力篮球的项目实施,为培养"三爱一心"的致远学子迈出坚实的一步!

基于核心素养的初中活力篮球课程建设的研究

章继钢　王　平

一、问题的提出

近年来,各地、各部门不断出台政策措施,加快推进学校体育,大力开展阳光体育运动,学校体育工作取得积极进展。但总体上看,学校体育仍是整个教育事业相对薄弱的环节,学生体质健康水平仍是学生素质的明显短板。2016年5月,为进一步推动学校体育改革发展,促进学生身心健康、体魄强健,国务院办公厅印发《关于强化学校体育促进学生身心健康全面发展的意见》,就推动学校体育改革发展和强化学校体育工作做出全面部署。

目前,学校的体育与健康教学课中,教师比较注重应试教学,教学内容单一枯燥,与学生的年龄特点不相符,学生喜欢体育但不喜欢上体育课的这种现象比较突出。另外,近几年学生体质健康不断下滑的趋势更是在唤醒学校要从技能教学出发,从学生兴趣出发,从学生的终身体育出发,不断选择符合学校实际和学生喜爱的运动项目作为发展的目标。通过调查和实践,北苑实验中学创建特色学校首先要明确特色目标,选准特色项目,落实发展战略。

2015年,杭州北苑实验中学率先加入全国学校体育联盟(教学改革),成为全省首批"学校体育综合改革"实验校之一,加强了对学校体育工作的全面领导，立足"一校一品"，选择和创建"篮球"运动作为特色项目和课程建设。目前已经初步形成了篮球课程框架，并进行了尝试实践，得到了学生的喜爱。但是，活力篮球课程目标体系不够健全，素养指向不是非常明确，课程结构还比较松散，缺少明晰的课程框架。

二、相关研究综述

(一)篮球课程研究

近年来，随着人们对于中学篮球训练价值的日益重视以及中学篮球训练的广泛开展，不少学者立足于自身的专业背景，从不同的角度对"中学篮球训练"的相关课题展开了深入、全面的研究。如《杭州市中学篮球业余训练现状调查分析》《中学生篮球体能训练特点方法》《浅谈中学篮球运动员的心理素质的训练》等研究。当前中学生篮球训练中对防守基本战术方法运用比较多，也比较灵活；教练的临场指挥素质较高，能够科学运用篮球的规则进行指挥；学生的篮球基本素质和身体素质有了提高，说明教练在专项素质和一般体能素质练习中使用的教学方法比较科学合理。

总体来说，目前有关中学篮球的研究非常多，但存在两大问题：一是研究中学篮球的教学方法、教学模式、训练技巧较多，但是不仅缺乏针对性，而且论述不够系统，尤其缺乏从课程的角度整合学校篮球课程资源，建构篮球课程体系方面的研究成果；二是大多从特定省市的角度出发对中学篮球教学与训练进行研究，对学校层面的篮球课程与教学存在明显的关注缺失现象。

(二)体育学科核心素养与课程研究

学科核心素养是我国新课程标准提出的一个新的概念，是学生通过学科课程学习所形成最基本、最重要的素养，是学生在课程学习和实践活动中养成的具有该学科特征的基础知识、基本技能、基本品质和基本经验的综合。学科核心素养是核心素养在特定学科(或学习领域)的具体化，是学生学习一门学科(或特定学习领域)之后所形成的，具有学科特点的关键成就,是学科育人价值的集中体现。体育学科核心素养是确定体育学科课程标准、体育学科知识体系、体育学科质量评价标准的依据和导向。体育学科核心素养形成以结构化的学科知识与技能体系为基础和载体。虽然,许多文献已提出应在学科核心素养指导下开发校本课程,但是具体如何实施,尚未发现此类文献。浙江省教育厅课改文件中也明确提出,要基于学生发展核心素养和学科课程标准开发拓展性课程,但到目前为止,尚未看到较好的基于核心素养开发体艺特长类拓展性课程的学校实践经验总结文章。

三、概念界定

(一)活力篮球课程

这里所指的"活力篮球"课程是以"篮球运动"为载体,构建起以"每天一次篮球技能操,每周一节篮球课,每学期一次篮球联赛"为主要内容,以"学练结合、兴趣活动、兴趣竞技"为主要学习方式的学校课程体系。

表1 "活力篮球"课程结构

课程内容	活动方式	课程属性	课程类型
基础性课程校本化实施每周一节篮球课	学练结合	统一必修	学科整合
篮球技能操	兴趣活动	分层必修	活动拓展
"奥廷"篮球俱乐部建设	兴趣竞技	进阶选修	初小衔接

(二)核心素养

这里所指的核心素养专指通过"活力篮球"课程的实施,从德育、体育和智育等三个方面培养学生的核心素养。具体是指"以球育德"培养学生"坚韧品格、合作能力、拼搏意识"的素养,"以球健体"培养学生"锻炼习惯、良好体能、运动素养"的素养,"以球启智"培养学生"良好判断力、专注力、思维力"的素养,让学生成为更健康、更阳光、更自信的致远少年。

表2 "活力篮球"课程素养目标

素养目标	具体指标
以球育德	坚韧品格、合作能力、拼搏意识
以球健体	锻炼习惯、良好体能、运动素养
以球启智	良好判断力、专注力、思维力

四、研究的目的与内容

(一)研究目的

杭州北苑实验中学"活力篮球"课程体系建设的初衷是我们的学生通过三年学习,能够了解篮球这项运动,能够掌握相关技能,提高他们身体素质、意志品质和团队精神,培养"自信、健康、担当"的核心素养,为学生终身发展奠定基础。学校立足学生养成良好体育锻炼的习惯、培养终身锻炼的品质、健全人格的体育与健康学科教学目标,让学生成为更健康、更阳光、更自信的致远少年。通过学校"活力篮球"课程体系建设,真正实现"以球育德,以球健体,以球启智"育人目标,彰显了北苑的办学特色。

(二)研究内容

研究内容具体包含以下五个方面。
(1)活力篮球课程目标系统研究;
(2)活力篮球课程内容结构研究;
(3)活力篮球课程资源与实施方式研究;
(4)活力篮球校本教材研究;
(5)活力篮球课程保障研究。

研究内容之间的相互关联,首先确立课程目标系统,指导课程内容结构的构建。在明确内容结构的基础上,研究可资利用的课程资源、校本教材和实施方式,以及确保有效实施的课程保障体系,并将校本教材与课程实施案例文本化,形成活力篮球课程文本。然后与课程目标系统进行整体比照,加强目标、内容与实施系统之间的关联度。

五、研究的方法

1. 文献研究

查阅涉及核心素养、篮球课程建设等文献,以及有关学校课程开发与实施经验做法的文献,梳理重要的研究成果,以及我校前期活力篮球课程研究的成果,尝试构建基于核心素养的活力篮球课程体系的总体目标和分段目标体系,为后续行动研究提供理论支撑。

2. 调查研究

在专家指导下,自编问卷、量表和访谈提纲,开展二次全校范围内的分层抽样调查,每次调查样本数不低于200份。第一次调查放在课题研究初期,旨在了解我校学生对篮球课程的兴趣与学习现状,发现前期篮球课程存在的问题,为明确研究重点提供证据;第二次调查放在课题结题之前,目的是检验课题研究成效,反映我校学生对新的活力篮球课程的评价,为结题报告提供翔实数据。

3. 行动研究

行动研究是本课题的主要研究方式。我们将根据文献研究和调查研究的结果,尝试确定活力篮球课程的素养目标,遴选活力篮球课程阶段主题,精心设计和实施系列专题教育活动,评价和反馈活动效果,二次设计和实施教育活动,总结专题教育活动经验。通过两轮行动研究,提炼活力篮球课程体系和操作策略,初步建立我校活力篮球课程体系。

4. 案例研究

在行动研究的基础上,有目的、有计划、有重点地遴选专题教育活动,开展案例研究,为每段活力篮球课程实施提供示范性文本。

《韵律篮球操》课程纲要

金 文　曹 俊

一、课程简介

2015年,学校加入全国学校体育联盟(教学改革),篮球项目进入校园。7月,学校与奥廷体育合作,浙大教授陈南生莅临杭州北苑实验中学指导篮球特色项目,奥廷篮球训练营顺势成立。9月,学校完成操场改造,建成了拥有4块标准篮球场地和18个辅助投篮架的新操场,购买了1000个篮球,从而实现了全校学生人手一球,全校班级可以同时开展篮球趣味比赛或半场比赛的愿景。

2016年10月,浙江省学校体育拓展性课程现场会在北苑实验中学成功举办,学校首届"篮球特色"全员运动会圆满举办,初一、初二年级的篮球技能操精彩亮相。

为适应学校篮球运动发展的需求,需要在初一年级开设一门以篮球运动为核心,以篮球技能操的团队创编和成功展示为主要成果的拓展性课程。在结合学生核心素养的发展性需求的基础上,学校开发《韵律篮球操》课程。《韵律篮球操》课程通过"会欣赏、懂规则、有技能、能创编"四个单元主题实践活动,完成从欣赏篮球、喜欢篮球,到懂得规则、学会技能,再到创编、展示韵律篮球操的学习过程,促使学生们体验规则,感悟公平竞争的意义,学会一项技能,发展一项兴趣爱好,并在创编和展示活动中,培养学生的创新能力，提高学生发现美、展示美和创造美的能力。

二、课程目标

1. 感悟篮球运动的魅力，了解篮球运动是一项有规则、有竞争、有技术、有战术，讲究团队合作，需要拼搏进取的集体项目，体验团队合作的重要性，形成集体观念。

2. 能识别篮球运动中的违例和犯规动作，体验规则，认同fair play的比赛精神。一部分同学能运用裁判手势判罚比赛，一部分同学能使用工具记录、分析比赛过程。

3. 熟悉篮球的球性，学会滑步移动，能正确持球、传球、接球、运球、上篮，为韵律篮球操的创编和团队展示打下技术基础。

4. 能用位置图、路线图、流程图组合篮球技术动作，规划时间，设计移动和动作的方向，创编篮球技能操，通过展示和评价，领悟韵律篮球操中蕴含的技术美、艺术美和集体美。

三、课程内容

每个单元与具体的课节内容设计如下：

主题	课	目标	教学组织形式	课时
会欣赏	第1课 观篮球	1. 了解篮球运动是一项有规则、有竞争、有技术、有战术的集体项目 2. 体会篮球运动中的团队合作和拼搏进取的精神 3. 感受韵律篮球操的韵律、技术、活力和美	1. 课堂观赏湖人队训练、精彩比赛片段和小学生篮球技能操表演 2. 自主观看中国男女篮、NBA、浙江广厦等篮球队的比赛直播或录像	1课时

续表

主题	课	目标	教学组织形式	课时
会欣赏	第2课 知篮球	1.能说出现代篮球运动的起源和发展,知道中国男女篮在亚洲和世界取得的重要成绩 2.知道姚明、郑海霞、宫鲁鸣等对国家男女篮做出重要贡献的运动员和教练员 3.知道NBA、CBA的发展历程和对篮球运动的促进作用	1.分组实践活动:①收集篮球运动起源和发展的相关资料;②收集中国男女篮主要队员、教练的相关资料;③实践活动:收集NBA、CBA等相关资料 2.合作交流活动	1课时
	第3课 析篮球	1.关注篮球比赛过程中队员之间的合作和组织 2.知道裁判是运动场上的权威,树立规则意识,认同fair play的竞争意识	1.完整地观赏一节篮球比赛 2.分组讨论:①分析一次成功进攻过程的组织战术,讨论防守失败的原因;②分析一次失败的进攻过程,讨论成功防守的诀窍;③描述裁判的判罚和争议解决的过程 3.小组间探讨交流	2课时
懂规则	第1课 违例和犯规	1.能说出篮球比赛中违例、犯规的性质和罚则 2.能在比赛过程中识别各种违例、犯规动作	1.自主学习篮球比赛中违例、犯规的性质和罚则 2.在教师指导下,观看各种违例、犯规的图例,观察实战中裁判的判罚	1课时
	第2课 裁判的手势	1.能识别各种裁判手势,说出裁判判罚的违例、犯规的性质和罚则 2.部分同学能根据运动员违例、犯规的动作做出正确的手势和判罚	1.阅读、记忆裁判手势大全,建立裁判手势和违例、犯规动作之间的对应关系 2.观看各种比赛违例、犯规动作视频,模仿裁判手势	1课时

续表

主题	课	目标	教学组织形式	课时
懂规则	第3课 比赛的记录	1. 知道篮球比赛的记录需要使用记录表，能说出记录表中的主要项目 2. 部分同学能使用篮球比赛记录表记录比赛进程 3. 在三对三半场比赛中，分工合作，完成比赛、裁判和记录工作	1. 阅读篮球比赛记录表，观看比赛视频，学习使用篮球比赛记录表记录比赛 2. 班级分为裁判组、记录组、运动员，组织三对三练习赛，完成比赛、裁判和记录 3. 运动员、裁判员、记录员交流三对三练习赛过程中比赛、裁判和记录感悟和收获	2课时
有技能	第1课 滑步移动	1. 知道滑步移动在攻防中的作用，能说出滑步移动的动作要领 2. 正确运用无球移动滑步和有球移动滑步技术动作 3. 通过合作练习，熟练使用无球滑步和有球滑步技术动作，感受同伴合作的作用	1. 教师、同学课堂或视频示范 2. 实践活动：模仿和矫正，同学间互帮互助 3. 角色交换、同伴合作：练习无球移动滑步和有球移动滑步技术动作	2课时
	第2课 传接篮球	1. 能说出持球、传球、接球动作要领 2. 能正确站立、持球、传球、接球 3. 通过合作练习，熟练原地双手胸前传接球、横向移动传接球、原地反弹传球、单手肩上传球等技术动作，感受同伴互助在学习过程中的重要作用	1. 教师、同学课堂或视频示范 2. 实践活动：模仿和矫正，同学间互帮互助 3. 同伴合作：原地双手胸前传接球、横向移动传接球、原地反弹传球、单手肩上传球等技术动作	2课时

续表

主题	课	目标	教学组织形式	课时
有技能	第3课 运球和上篮	1.能说出运球动作要领 2.能正确站立、触球,协调前臂、手腕和手指的力量运球 3.熟练原地高运球、低运球、抛球掌运球、双手同时运球、双手交替运球等动作要领 4.部分同学能完成直线运球、变相运球加三步上篮技术动作	1.教师、同学课堂或视频示范 2.实践活动:模仿和矫正 3.创造性活动:将各种运球动作、滑步移动动作、传接球动作组合成篮球技能操	2课时
能创编	第1课 赏球操	1.感知学校篮球技能操中的韵律、身体动作的节奏 2.能识别并说明学校篮球技能操的动作组合	1.欣赏学校篮球技能操展示的视频 2.实践操作:配合运球动作、滑步动作感知韵律和节奏 3.讨论合作:运用多种方法,说明学校篮球技能操的动作组合	1课时
能创编	第2课 编球操	1.能根据小组成员的特点,设计符合小组成员能力现状的篮球技术动作的组合 2.能根据小组技术动作组合,选择合适的韵律和节奏 3.根据小组练习、实践的实际,改进改编动作组合,形成小组篮球技能操	1.合作和讨论:选择合适的技术动作,设计滑步、运球、传球等技术动作的组合,并选择合适的韵律和节奏 2.实践活动:练习小组篮球操,并寻求老师的帮助和指导	2课时
能创编	第3课 秀球操	1.通过展示活动,学会欣赏同学创编的篮球技能操 2.通过欣赏同学的展示,形成各小组篮球技能操的改进办法	1.观看同学小组篮球操的展示 2.合作讨论和评价:自评、互评篮球操并改进	1课时

四、课程实施

1.教学对象和时间

《韵律篮球操》课程以篮球知识和技能为载体,以学生领悟规则、学会欣赏、体验合作为主要发展目标,在初一上学期开设,合计18课时,鼓励初一年级新生积极参与。

学生可以根据自己的爱好和特长,在"会欣赏、懂规则、有技能、能创编"四个单元的学习和实践活动中,选择自己的重点发展方向。如:体育特长生可以选择进一步发展篮球技战术水平,艺术特长生可以在韵律操的创编上发挥自己的才智,擅长知识学习的学生可以考虑争取成为赛场上的指导者、执法者,同时也期待会有更多全面发展的学生。

2.教学环境、硬件设施、师资、学习资源

《韵律篮球操》课程的实施需要:

- 篮球场、篮球,数量由参加学习的学生数决定;
- 能播放音频、视频、flash动画等多媒体资源的教室;
- 能满足学生裁判记录需要用的哨子、秒表、记录表等;
- 学生室内外练习韵律篮球操时,播放音乐的设备,如:录音机。学生展示韵律篮球操时,记录的设备,如:智能手机、录像机等。

《韵律篮球操》课程的师资应喜爱篮球运动,了解篮球运动的起源、发展和现状,懂得篮球规则和裁判知识,具备良好的观察能力、学生活动的组织能力、篮球技战术的指导能力、韵律操的编排和指导能力。一般由初中体育老师担任,LOGO的设计和韵律操的编排可以考虑由初中美术、音乐老师兼任。

《韵律篮球操》教材和配套的视频、flash动画、PPT课件、文本和网络上各种关于比赛、规则、技能指导的微视频和图片,韵律篮球操的展示视频等可以为教学提供丰富的学习资源。

3.教学活动的组织

《韵律篮球操》的教学应根据学习内容选择合适的教学组织形式。

会欣赏单元主要通过学生欣赏篮球比赛、篮球宝贝的韵律操、学校韵律篮球操、球队LOGO、运用位置图和路线图记录和分析活动,激发学生学习的兴趣,帮助学生结合自己的长处找到自己的兴趣点。主要采用"欣赏→讨论→交流→创作(LOGO)"的教学方式。

懂规则单元主要通过学生阅读文本、观察图片、模仿操作、实践运用等学习活动,帮助学生知道规则、识别手势、学会记录,一部分学生能够成为比赛的裁判、记录员。主要采用"阅读、观察→模仿和矫正→实践运用"的教学方式。

有技能单元主要通过学生观察、模仿、练习等学习活动,学会韵律篮球操创编所需要的移动、运球、传球、接球等篮球技能。主要采用"示范(视频、教师或优秀学生)→模仿和矫正→自主练习"的教学方式。

能创编单元主要通过学生观察、分析、讨论、运用位置图、路线图、流程图设计、展示和评价等学习活动,创编和评价韵律篮球操。主要采用"示范(视频)→讨论→交流与展示→评价与改进"的学习方式。

网络上关于篮球的资源很多,学校在几年的教学中也积累了一些篮球技能操展示、示范性技术动作的微视频。通过微信群、QQ群等平台传播视频,也可以为学生课后的自主学习提供足够的学习资源,以满足不同学生多样性发展的需求。

五、课程评价

1.学校的期待

杭州北苑实验中学以篮球运动为载体,建设"一校一品",营造篮球校园文化,期待初一年级的新生能在一年一度的篮球嘉年华活动中找到自己的位置,或者成为联赛的组织者、裁判员,或者成为学校韵律篮球操的展示者,或者成为联赛的运动员,也可以是联赛的观赏者、啦啦队。因此,《韵律篮球操》课程主要以学生自评、互评为主,采用表现性评价方式对学生的学习过程和表现进行评价。

2.课程评价的五个维度和表现性指标

课程评价的维度	具体的表现	自评	同伴或教师评价
我是很棒的观赏者	我能说出一次进攻或防守失败的原因		
	我能说出一些提高攻防效果的具体建议		
	我能看懂场上裁判员的手势		
	我能发现赛场上运动员的一些违例或犯规动作		
	我能为双方运动员加油鼓劲		
	当发生误判时,我能通过正确的途径申诉		
我是很棒的裁判员	我能敏锐地发现运动员的违例、犯规动作		
	我能根据违例和犯规情况做出正确地判罚		
	我能用手势向记录台、运动员传递判罚的信息		
	我会计时,能用记录表记录篮球比赛		
我是很棒的运动员	持球、运球、传球、接球等技术动作,我很熟练		
	攻防时,我知道我在场上位置和责任		
	我服从裁判的判罚,懂得公平竞争的意义		
	我与场上的其他队员有默契的配合		
	即使比赛落后,对手强大,我也不轻言放弃		

续表

课程评价的维度	具体的表现	自评	同伴或教师评价
我是很棒的设计者	我能为韵律篮球操选择好听的音乐		
	我会组合各种移动和动作的方向,不单调		
	我会串联各种篮球基本动作		
	我会根据韵律合理安排篮球操各阶段的时间		
	我设计的队徽、LOGO不仅美观而且有意义		
我是很棒的展示者	我的节奏感很好		
	我的技术动作很熟练,身体各部分很协调		
	我的动作与全队的动作很一致		
	我们队伍的展示得到了大家的好评		

第四篇　诗意牧歌

北苑传承了13年的春天诗会,每年都有一个主题——"为爱命名""做更好的我们""在诗歌中寻找力量"等。春天诗会成为了北苑孩子每年的一场盛会,成为他们在春天里最期待的事情。在这里,他们收获了信心、勇气、情感和成功。

走过色彩变幻、冷暖交替的四季

陆红英

语文不是简单的文字拼凑而应该是我们心灵的归宿。我们的语文课总是希望保留孩子们最自然最真实的存在。

如一曲悠扬的牧歌,指引孩子们在忙碌的人生旅途中暂时放慢自己的脚步,放歌山野,垂钓岸边。对鸟吟唱,与花和诗,邀明月,赏野花,吮甘露,品香瓜,做一个真正的东篱采菊人!

在古韵悠扬的上塘河畔,在风景如画的半山脚下,北苑一直致力于牧歌语文的建设。

春天,我们读诗、诵诗,在浓浓的春意里,读着情感那么丰厚的诗句,想必会让孩子的人生也变得丰厚吧。

明媚且富有张力的夏季,读名人的传记是不是也能带给他们力量和坚强,在经典阅读中获得充盈的精神食粮。

抬头仰望不再炽热的太阳,迎着凉爽的秋风徜徉,领孩子们,在这样的季节看潮起潮落,读别人的心情沉浮,是否能让他们也有自己独特的感悟?

站在冬天寒威的空气里,什么能够给予我们这一季的温暖?莫过于那些温情的散文。与老师、家长共读一本散文,在斑驳的光影里拾起阳光的微暖,缓缓渗入心间的莫过于思想的交锋,共同的成长。

第四篇　诗意牧歌

　　北苑的牧歌语文带孩子们走过色彩变幻,冷暖交替的四季。品尝生命长河里一逝不再的个中滋味,五蕴皆满;体验飞舞流光中不可复制的沉淀芳华,忆海成舟。那些曾经在一起的阅读,总会在那么特定的年华中,让我们的记忆温暖如初……

读诗,让一所学校得以唤醒
——杭州北苑实验中学的诗歌教学实践

于艳婷

伴随着轻柔的音乐,马老师和学生们沉浸在了诗歌的海洋。"写你的名字,画你的名字,而梦见的是你发光的名字",一句句,一节节,马老师循循善诱,学生们且读且悟,有的学生读出了对祖国、对母亲的思念,有的学生读出了爱情的味道。

接着,北苑学子们向在座老师们献上了他们的诗朗诵。聆听初三(5)班全体学生集体朗诵自己的原创诗歌《未绽放的花》,我们听出了花季少年们的心声;在小提琴的悠扬声中,我们仿佛来到了康河的柔波里;三个男生朗诵的《天狗》,让我们领略到了奔放与激越,声音中不乏坚定的信念。

这是去年11月12日杭州北苑实验中学所承办的一次市级教研活动中的两个镜头。参加活动的教研员和老师们无不感叹:在应试风如此盛行的今日,竟然有这么一所学校,有这么群师生,在坚持着文学,尤其是诗歌的阅读,在坚持着心灵的追求。

用三年时光培养学生的阅读热情,让"浮躁的内心归于理性与宁静,找到生命的依托。"是的,这就是北苑的老师们所秉承的文学教育理念。这两个镜头虽然出现在一次"语文教研活动"中,却是北苑"诗诵会"及"诗歌教学"系列活动的缩影,其背后,是师生们在文学之路上的孜孜追求,以及他们从中获得的对美和对生活的独特感悟。

单调的学习生活因为诵读而溢彩流光

许多教学上的创意,都来自偶然的一次心动。作为一名酷爱文学的语文老师,马小平几年前曾邀请时任学校教科室主任的王小庆老师为她班上的同学做了一次有关"读书"的讲座。那次讲座具体有哪些内容,马老师恐怕已经不记得了,但王小庆的一句"诗歌是第三只眼睛"让她忽然意识到,她可以、也应该用她的教学,用她对诗歌意蕴的唯美诠释,引导学生热爱诗歌,甚至热爱文学。

于是,从2009年的那一次浪漫的灵机一动开始,马小平老师带着她的学生一起走进了诗歌。

诗歌凝聚着世间一切的欢乐与哀伤,孤独与苦痛,梦想与意志,作为初中学校的新生,诵读诗歌,宛如诵读自己新的生命。

我们时时感动,为身边的一片落叶;我们时时欣喜,为探究的每一次发现;我们时时感恩,对所有的生命怀抱尊敬。(沈欣悦《我们的日子》)

除了课文中的诗歌,师生们还寻找更多的适合诵读,适合与之进行心灵对话的诗歌。沿着《金色花》,他们找到了泰戈尔的《新月集》和《吉檀迦利》,他们还读徐志摩、读海子、读舒婷。最后,他们选定了黎娜主编的《一本书读完最美的诗歌》,作为他们晨诵午读和赏析评点的主要来源。当然,学生诵读的诗歌也许还有很多,但这些,已足以在校园内营造一种诗意的氛围了。

是的,氛围很重要,也很温馨。学校背靠半山公园,窗外就是在枝丫间跳跃的松鼠,校园里,桂花树用馥郁的芳香迎接新生,操场上的梧桐树为孩子们和诗绽放着紫色。这样一个如画的校园,这样一群单纯的少年,需要的就是无拘无束地读诗,以及用心去发现美、享受美。

我们在桂花零落的花影下诵读,在春日青葱的草坪上诵读;我们在清晨细碎的阳光下诵读,我们在黄昏的落日边诵读;我们在黄的灯光的影里

独自诵吟,我们在窗明几净的教室里高声诵读,我们在诗诵会的舞台上深情讴歌。(吴凯丽《这风景如画》)

马老师的大胆尝试和个人魅力赢得了备课组其他老师的认可,在这个和谐的集体里,在大家的共同努力下,以年级为单位的诗歌朗诵渐成规模。学生们在学校和老师们共同创建的乐园里,开心地诵读着他们精心挑选出来的诗歌。"一切为了学生们的快乐,一切有利于孩子们的成长。"语文组的老师们秉承着这一最基本的教育理念,并一直努力着。

星星之火,终可以燎原。如今,一位语文老师、一个班级的实验,已经迅速辐射到整个年级,推广到整个学校。学生已经不满足于在晨间进行诵读,不满足于在蒙胧中品读情感,他们希望对诗歌有更进一步的接触。于是,师生们开展了每月一次的诗歌主题教学。大家借助想象,勾勒意境,在观点分享中再一次认识了诗歌。他们甚至动手创作诗歌,书写自己心中的诗意,并在蓝色的天空下,在绿色的树阴里,高声地朗读自己的作品。

写吧,给自己写一个心的存折,放心大胆地,去追逐想要的自己。

十年也好,一生也罢。哪怕,岁月无常。

只要心是透明的,就能折射光芒。

写吧,认真地写吧,写你的生命,写你的灵魂。

愿世人看到的,是一段段多彩的话。

(丁梦秋《写吧》)

这字里行间所透露出来的秘密,这作者与诗歌邂逅的美妙经历,岂是我们一般的教育教学所能带来的?是的,诗歌是灵性的,也是宽容的,它带给读者各种体验,也包容读者的所有幻想和理解。"我们平凡而单调的学习生活因为诵读而溢彩流光",学生们如是说。

春天适合诵读诗歌:北苑的"诗诵会"

如央视的新年新诗会,我们也来一个春天诗诵会如何?

"好啊!"

一呼百应，丰富的想象如长了翅膀：我们去半山山顶吧，会当凌绝顶；我们去游步码头坐船，船在水中行，诗在风中吟；启用新多功能报告厅吧，全体同学都能参加，舞美都可以跟上，又安全，一个个小小的建议瞬间立体了，多彩了。

于是，每年，在灿烂的春光里，在北苑的报告厅里，"你是人间的四月天""花朵上的春天""倾听花开的声音"，一届届，一期期，"诗诵会"在学生心目中，已经成为如同空气一般的存在：自然而清新。

对于历届"诗诵会"，学校给予了极大的鼓励与支持。除了提供舞台和技术支持之外，学校还将这样的活动视为一次学校的节日，全方位地为之准备着。在力所能及的前提下，外聘专家，为学生和老师提供必要的指导和点评。如在"花朵上的春天"诗诵会中，学校邀请了著名小说家、诗人、中国作协会员许顺荣先生为孩子的诵读做点评；在刚刚过去的杭州市语文教研活动中，为了能让学生的诗歌诵读更上一层楼，学校还请来了"纯真年代"书吧女主人朱锦绣老师以及浙江话剧团的主持人洪坚先生为孩子们手把手地从语调、吐词、神态等方面精心辅导。

而北苑的语文老师们，也对"诗诵会"倾注了极大的热情和努力。他们预先收集了现当代优秀诗人的代表作品，集结成稿，发给每一位学生，让学生在反复诵读中，培养诗歌朗读和鉴赏的能力。同时，在各个班开展小型诗歌朗诵比赛，由老师和学生共同挑选出班里的佼佼者，并进行适当的培训。他们甚至将学生带到绿茵场上，配上音乐，尽情诵读，以求达到最好的效果。

当孩子们羞涩地站在讲台上，一边摆弄她的衣角，一边轻轻诵读《面朝大海春暖花开》的时候；当可爱的女生"含着泪/我一读再读/却不得不承认/青春是一本太仓促的书"湿润了双眸的时候；当夕阳西下那些青春的脸映在余晖里酝酿《回答》的时候，炽热、真情、执著，甜美的记忆还有敏感的心可真真切切诠释了什么是生命中的语文，语文之于孩子的精神成长有着怎样非同寻常的意义。

当马小平老师还在从语文教育的角度深思"诗诵会"带给她的启示时，

也许孩子们已经在诗歌的浸润中,让自己的情绪得到了更好的释放。"读诗使人灵秀",是的,他们现在,早已经与从前大不一样了。

诵读诗歌,是为了"唤醒"

诗歌一旦渗透进学生的生活,必将对他们产生潜移默化的影响,同时,也必将对教师的教学观念产生不可避免的冲击。

诗歌影响孩子们的性格。在长久的晨诵暮想的熏染下,学生们从容安静,用日渐丰富细腻的情感,细细品味着诗歌所营造的氛围,也细细品味着这世界带给他们的美好。

有时候,当你的耳边感到了微痒,

便是我在窗边,轻轻地唤你的名字。

我借着风传递我的思念,我想你了。(吴宇璐《当我想你的时候》)

仿佛你在走进我,我在拥抱你

当我想你的时候,

朋友,你已不知不觉走进我的心房。(李哲《当我想你的时候》)

而对某些学生来说,诵读诗歌,参加"诗诵会",其意义还远不止诗歌本身。初三的徐安行同学,因为喜欢诗歌写作,被《杭州日报》采访。为了能亲眼见到自己女儿的名字出现在报纸上,她妈妈接连几天买来了杭报。对这位朴素的母亲来说,这是对孩子的最大鼓励和支持。诗歌所带来的美和深邃,使得孩子们的情感变得细腻而诗意。马老师说,毕业时,他们送给她的带紫色封面的本子,非常好看,非常唯美。而学生在设计黑板报或者班刊时,他们的灵感兴许也出于诗歌给他们带来的艺术想象。

不仅是学生,哪怕是老师们,也同样被诗歌感染着。诗歌的教与学,带给老师们以久违的热情。在"诗诵会"的漫长准备过程中,老师们共同探讨,确立诗歌选篇,分享智慧,积极投入到活动的组织中去,他们甚至还亲自上台进行朗诵。于是,我们看到,"花朵上的春天"诗诵会上,初一语文组的老师们齐上阵,吟诵春天;"你是人间的四月天"诗诵会上,社会学科杨凯老师用一首《像蒲公英去流浪》表达对孩子成才的殷切期望;教务处主任徐燕强老师则即兴朗诵了自己创作的诗:上塘河畔,皋亭山麓;唯我北苑,置彼其旁。清波微漾,溢彩流光。唯我学子,披霞沐光。晨诵诗赋,暮吟华章。须眉温文,巾帼尔雅。腹有诗书,气自昂扬……

"诗歌,以及其他文学的阅读,属于大语文教育。"徐燕强老师这样认为,"所以我们鼓励学生诵读,鼓励他们创作,让他们日积月累。"

"大语文",意味着我们必须超越教学上的技术主义窠臼。当被问及"如何保证学生能真正理解诗歌"时,马小平老师给出了一个最简单的回答:读。

这"读"的过程,也是师生关系重构的过程:互相尊重,彼此欣赏,而不是充满着干涉、抱怨和误解。北苑的老师们深知其中的道理。所以,当他们将春天的"诗诵会"扩展成横跨三年初中生涯的《"四季牧歌"课外阅读教学计划》时,他们在其中植入了对文学教育最深刻的理解。

语文不是简单的文字拼凑而应该是我们心灵的归宿。语文课必须成为孩子们最自然最真实的存在,如一曲悠扬的牧歌,指引孩子们在忙碌的人生旅途中暂时放慢自己的脚步,放歌山野,垂钓岸边,对鸟吟唱,与花和诗,邀明月,赏野花,吮甘露,品香瓜,做一个真正的东篱采菊人!

而对一所学校来说,这样一首"牧歌",已经不是诗歌学习那么简单了。"这是诗意校园的建设过程,也是师生精神唤醒的过程。"北苑新任校长、同时也是语文老师的章继钢这样说到。

在章校长看来,任何一所学校都需要精神上的引领,而文学恰好是一种极好的载体。"因为文学高尚,是人的精神的根,能滋养,能促进美。"在北苑,环境、人文以及文学的活动密结合着,一年四季,周而复始,无时不在"唤醒"。

譬如,徐巧飞老师关于"夜"的诗歌"同题异构",就唤醒了学生们内心的感触,激发了他们的创作热情:

天色暗了,前一会儿还吵着闹着的孩子们也安静了。鸟儿轻轻地打着

鼾,树儿是它的摇篮;鱼儿静静地摆着尾,小溪是它的棉被。(徐陈珺)

天幕中闪烁的星星,你们无拘无束地散布天空,是在垂怜小小窗前的我吗?可是我不孤单,我有月光作伴!(叶淑颖)

唤醒的,不仅是孩子的心灵,还有教师的理念。从此之后,他们不会去单纯追求教学的形式,而会选择适合自己的载体,去参与,去优化,去分享,并在文学教育实施过程中,净化自己的心灵,强化自己的实力。

诵读和冥想还在继续。在日积月累中,诗歌,在初中语文教学中"有尊严"地存活了下来,诗歌,也让北苑的师生们厚实了他们的人生。

既然如此,那就继续不知疲倦地走在这条路上吧!

杭州北苑实验中学：
让诗意弥漫校园　让教育更显灵动

杭州日报

"生活不只是眼前的苟且,还应该有诗和远方。"

杭州北苑实验中学的每一位师生,都懂得这句话。从诗歌中发现美好,从诗歌中胸怀远方,这正是学校打造诗意校园的最深用意。

4月16日,学校一年一度的诗诵会即将上演。诗诵会当天,初一、初二学生将上台诵读名家经典诗作,还会朗读自己的原创作品。学校还邀请了著名诗人舒羽、特级教师和省市教研员,一起跟师生畅谈诗歌。这让大家充满了期待……

诗歌,为什么在北苑实验中学如此风靡?如果你参与过学校过往的六届诗诵会,体验过学校的诗意语文课,你就会明白诗歌对这里学生的意义。

去年11月一次市教研活动后,有老师感慨:应试教育盛行的今天,竟有这样一所学校的师生,坚持着诗歌阅读,坚持着心灵追求,真不容易。

诗歌只是北苑实验中学的一张金名片。随着拱墅区"提振北部"计划推进,这所品牌初中受到了各方瞩目。校长章继钢对办学有着清醒认识:"北苑的定位就是'美善相谐,打造诗意校园',这种美不仅是校园环境之美,更有人文素养的美,我们不仅关注学生的学业进步,更关心学生人文素养的提升。"

记者走进北苑实验中学,亲身感受诗歌诵读给学生带来的无穷魅力,感受诗意的素质教育给学生带来的无限能量。

诗意北苑

"央视每年都推出新年诗诵会,为什么我们不办个春天诗诵会?"

2009年,老师们的一个灵感,得到了学校全力支持。语文组牵头,学校打造了第一届诗诵会"青春如歌"。没想到,这次尝试深受学生欢迎,从此"诗意北苑"的序幕拉开了。

"你是人间的四月天""花朵上的春天""如歌的行板""倾听花开的声音"……诗诵会一届届传承下来。近几年,学校邀请名家进校,从吐词到语调,从表情到舞美,手把手辅导;学生有机会在全校师生面前深情朗诵自己的作品,让情感得到最大的释放。诗诵会是学生诗歌交流、作品分享的盛会,也是"诗意北苑"的缩影。

学校地处半山,风光旖旎的皋亭山赋予了北苑人坚忍不拔、踏实如山的品格;古老而秀丽的京杭大运河融入了北苑人志行千里、精益求精的卓越品质。校园幽静雅致,学生朗朗的读书声、欢快的笑声和时而的鸟叫声,勾勒出一幅恬静诗意的画面。学校不仅注重环境育人,更关注学生成长,为他们的诗意人生奠基。规范学生的行为,开展适龄教育和社团活动,一大批优秀学生在省市区比赛中获奖,学校还被评为杭州市文明学校。全体教师秉承"科学、敬业、合作"的教风,团结协作,锐意进取,办学质量也不断提升。

诗歌AND北苑语文学科建设

写吧/给自己写一个心的存折/放心大胆地/去追逐想要的自己

——初三(7)班 丁梦秋《写吧》

"春天应该读诗,没有别的理由,只是尊重人的感觉和情绪,这也应该是对文学的最大尊重吧。"这是学校语文名师马小平对诗诵会的理解,也是对诗歌的理解。正是在她的建议下,学校的语文教材进行了授课先后的调整。

按现行教材,初一语文书开篇是《散步》,第二篇是《秋天的怀念》,都是散文。学校调整了教材顺序:把后面单元的现代诗《在山的那边》作为开篇,第二篇是两首散文诗《金色花》和《荷叶 母亲》。"初一学生比较感性,一入学接触诗歌这种美的语言,能培养审美情趣,同时也能对今后的初中生涯有美的向往。"学校教务主任徐燕强说。

语文教研组长陆红英举例说,老师们经常让学生"改写"文章,以诗歌的形式呈现。诗歌不受条条框框限制,学生有感而发,有内容可写,之前最烦的写作一下变得有意思了。此外,学生对文本的理解力也更强了,现代文阅读的能力明显提升。

学校对诗歌教学的坚持,收获了不少成果:

2014年,学校的纯文学期刊《牧歌》出版。胡屹辰同学在第五届中国少年儿童艺术节全国总决赛中获语言项目E组金奖,吴赛俊老师获"浙江省优秀导读员"称号,学校获"浙江省2014年度课外阅读先进集体"称号。2015年,学校成立了"牧歌"诗社。

"语文不是简单的文字拼凑,应该是心灵的归宿。而诗诵,也不仅仅是诗歌学习,更是师生精神唤醒的过程。"校长章继钢也是语文老师,他对诗歌学习有着自己的理解。

"读诗使人灵秀"。渗透在字里行间的爱与温暖,会融化心的坚冰。马小平举了个例子:曾经有个男生很调皮,学习热情也不高,但在朗诵上有心得,朗读《青春万岁》很受好评。诗歌消解了师生间的距离,师生间融洽的谈话就这样开始。读诗,正潜移默化地改变着学生。

中午时分,校园石板凳上,学生丁梦秋经常朗诵自己的诗。她说,初中生活紧张,读诗能抒发感情,浮躁的心也能慢慢平静下来。像丁梦秋这样的学生学校里有很多,用诗的眼睛打量周遭世界,用诗的语言记录初中生活,用诗的语言表达情感。闲暇,彼此读读新写的诗,成了学校独有的风景。

诗歌AND北苑学生培养

有一天太阳问它/为何不像花儿一样安适/那棵树意志坚定地回答/我想要变得强大/而不是舒适地走向死亡

——初一(1)班 张文斌《不一样的树》

诗意,正慢慢浸润着这个儒雅的校园。北苑实验中学营造的"诗意校园"绝不只是读诗,诗歌延伸出来的对真善的唤醒,对审美的提升,对个性的释放,才是校园文化的精髓。基于此,学校的德育课程体系也慢慢成形。

漫步在校园里,学生穿着统一校服,随机走进一间教室,学生课桌抽屉摆放整齐……虽然这只是一件件校园小事,但凝聚在一起就构成了学校"行为习惯培养课程",这些甚至写进了学生行为规范上。"有些礼仪习惯必须得做,因为你自律,学会尊重别人,你才能获得他人的尊重。"分管德育的副校长蒋海明说。

行为习惯只是学校德育类课程体系的一块。北苑实验中学的德育属大德育范畴,学校不仅紧抓品德教育,也把目光紧盯在学生的适龄教育上。

初一学生刚进校,学校比较注重学生规则意识的培养,同时也就三年的初中生活为学生做好心理铺垫,并通过诗歌诵读等形式铺垫梦想底色。

初二学生迈入青春期,学校开设青春期教育课程,帮助解决青春期碰到的问题,同时引导同学间的正常交往。学校还专门开设家长学校,做好家长的辅导工作。

初三学生即将迎来中考,学生压力较重,为了减轻负担,学校常组织百日登山、拔河比赛等活动,让学生释放精神,同时结合励志教育助力冲刺。

每个学生都是不同的个体,好的教育同时也应该紧盯学生的闪光点,助力学生个性化成长。社团活动的开展,很好地为学生个性化成长打造了平台。目前,每周五下午2:30-4:00是社团活动时间,学校开设的22个社团,几乎让所有学生都能找到适合自己的。

初二(4)班的鲁星辰,从小学开始接触健美操,上初中后加入了舞蹈社团。一年多下来,小鲁不仅在健美操领域有了进步,还学会了爵士舞,并有机会参加市级比赛,上个月她就代表学校获得了杭州市健美操团体第三名的好成绩。初二(7)班的周政统是武术社团成员,他在青少年武术领域已小有名气,在省市比赛中拿了五六块金牌。小伙子信心满满地说,多亏有武术社团的历练,"我希望今后能进入散打领域,拼出自己的一片天。"

除了社团,学校还开展艺术节、体育节等校园活动,通过活动,一大批学生的艺术、科技、体育之路开始慢慢展现并清晰,为特长发展之路奠基。

"用行为规范塑造良好习惯,用适龄教育填补教学空白,用社团活动促进特长培养,这也构成了我们的德育课程体系,让学校的素质教育迈出了一大步。"学生处主任过鸿华说。

诗歌AND北苑教师成长

你本在你的世界/看着你的风景/谁料清风拂了面纱/在春的早晨/你送我一世的芳香

——初二(2)班 吴瑜婕《春·玉兰》

很多人喜欢诗,是因为诗的语言充满人性感怀,蕴含着和谐柔软的文化。北苑实验中学的诗意校园所弥漫出的那份浓浓人情味,不仅学生感受深,老师也受益无穷。

作为学校教师队伍的掌舵人,章继钢有着独到想法:管理教师队伍,要合规、合理、合情,做到办事有原则、讲道理,尽可能给老师多一点关爱。

合规就是指合乎教育规律,合乎法律法规,不越雷池。做老师首要职责是遵守师德并保证教学质量。为此,每周五下午2:30-4:30老师"集体备课",成为一项规章制度确立下来。备课要备哪些内容,也有规定项目:集体讨论教案、PPT的使用方法并修改完善；下一周的作业老师先做一遍，控制好作业量；搜集本周学生典型错误；研讨试卷、了解考察方向是什么，从而在教学上做到有的放矢……

"集体备课"坚持下来，老师们明显感觉备课效率高了。初二科学备课组长罗冬英说，这对年轻教师的提升特别明显。"年轻教师刚迈入教坛，经验相对欠缺，对内容的准备不深入，集体备课的好处是，老教师提前介入帮忙指点，让年轻教师少走弯路。"因为备课各有分工，备课组老师只需每个人各领几个主题主备，内容少了，老师身上的担子轻了，准备也更精细了。"讨论时，大家都可以对教案PPT提意见，就怕不提意见。"罗冬英说。

备课只是前期准备，课堂教学才是决定教育质量的关键。为此，学校规定每位老师一个学期要听10节课，其中5节是同备课组老师的课。听完后马上提出两条改进意见。"这些中肯的意见汇总起来，再进行改进，对教学质量的提升显而易见。"分管教学的副校长金文告诉记者。

如果说"合规"显得刚性，"合理、合情"则更柔性。为了让老师在舒适的环境中备课，总务处在教工阅览室准备好冰箱、咖啡机等设备。学校早自习一般安排英语、语文阅读，任课老师7:30前到校管理，有时都来不及吃早饭。为此，教务处尽可能第一节不安排英语、语文课，让老师有时间吃早餐。老师家里有事，校办公室一起帮忙想办法，只有把家事安顿好了，老师才能没有包袱地投入教学。学校工会正在思考怎么把老师的办公室布置得更漂亮整洁，让工作环境更舒心。当教师有了良好的心态，对学生的教育更耐心、细心，充满慧心。

宽松、有人情味的学校环境让老师们如鱼得水：年轻教师迅速成长，资深教师激情四溢。在"合规、合理、合情"教师管理准则带动下，北苑实验中学的教师队伍变得越来越优秀，相当多的学科成为品牌学科。师资队伍提升了，最终受益的还是学生。这也正是北苑实验中学茁壮成长的秘密所在。

诗诵会掠影

1. 2014年第6届"倾听花开的声音"诗诵会

于艳婷

是谁拨动了我青春的琴弦,将悦耳的歌声放送？是谁叫醒仲春的黎明,打扰了我温馨的美梦？是谁将要把这绿色的精灵,放飞在原野,点染了桃花的粉红？——北苑的孩子们用诗歌做了回答:这是我们的春天！在这个绚烂的季节,我们一起放飞理想。

5月28日下午,杭州北苑实验中学在报告厅隆重举行"倾听花开的声音"诗诵会。在学校语文老师们的精心组织下,初一的同学们推出了精彩纷呈的诗歌朗诵节目。春天的诗歌,给美丽的校园增添了别样的景致;春天的故事,就在这高远的天空,慢慢开始……

让孩子们在春日里诵诗,是北苑的一个传统,也是北苑语文教学一大亮点。本次活动以初一年级学生为主,另外初二年级的部分同学也积极参与。初二的这些同学集体朗诵了自己创作的诗歌《我只不过是个孩子》《未绽放的花》,为本次诗诵会拉开了的序幕。

不仅孩子们有一颗热爱诗歌的心,北苑语文组的老师们也同样拥有。由初一年级语文组教师以及教务主任徐燕强老师共同朗诵的《温暖》把整个活动推向了高潮,他们的声音时而铿锵有力,时而激荡起伏,时而如风细雨缠绵,把在场的所有听众带进了诗的意境,带进了异彩纷呈的美文世界。老师们用他们的声音传递了春天的温暖,更让学生们深深记住这个充满诗情画意的季节。

　　整个朗诵会自始至终春意涌动,现场空气中散发着诗歌的芬芳,那深情传递着的诗意像一把把火种,燃起了现场观众无限激情,不时博得阵阵掌声。那些歌颂春天、拥抱未来的诗句荡气回肠,那些抒发爱国爱乡的诗篇真挚大气……朗诵会历时两个多小时,最后在初一四班集体朗诵的《少年中国说》中落下了帷幕。

　　这次活动不仅激发了学生对诗歌的兴趣,加深了对诗歌的理解,而且对祖国的语言文字产生了更深厚的感情。活动虽已结束,但相信同学们会拥有一个如春天般绚丽多彩的青春记忆!

2. 2015年第7届"为爱命名"诗诵会

蓝　敏

　　生活不只是眼前的苟且,还有诗歌和远方。远方太远,而诗歌就驻扎在有爱人的心中。

——题记

　　4月17日,春光明媚,杭州北苑实验中学一年一度的诗诵会如期举行。此次诗诵会邀请了拱墅区人大副主任洪嫦、拱墅区人民政府副区长虞文娟、拱墅区政协副主席赵红、教育局副局长赵群筠、半山街道党工委书记周利光、著名诗人舒羽、著名诗歌朗诵家洪坚、著名特级教师吴丹青、拱墅区语文教研员胡培兴、《杭州日报》教育版首席记者张向瑜以及拱宸中学校长郑明华、教科院附小校长张翼文、半山实验小学校长周晓婷、北秀小学校长范晓红等领导莅临指导。此外,许多家长也慕名而来,作为观众,见证北苑学子的风采。

　　诗诵会在半山实验小学同学们朗诵的朱自清名篇《春》中拉开帷幕。

这是一批九月份就将升入北苑实验中学的学子们,他们用《春》歌颂着春天的清新活力,也吟诵着自己对于未来生活学习的希望。

北苑在诗歌朗诵和课外阅读方面已经取得了优异的成绩,如初一(5)班胡屹辰同学就获得了中国少儿才艺大赛语言类朗诵比赛金奖,吴赛俊老师被评为2014年度浙江省课外阅读优秀导读员,北苑实验被评为浙江省2014年度课外阅读先进集体。随着北苑诗歌氛围的日益浓厚,牧歌诗社也应势而生。诗诵会上,人大洪嫦副主任、虞文娟副区长分别为北苑颁奖、授牌。同时,北苑也有幸聘请到了舒羽老师、洪坚老师、吴丹青老师和胡培兴老师作为牧歌诗社指导教师。

北苑有诗意的学习环境,有心怀大爱的无私老师,也有青春昂扬的学子们。浸润在诗歌里,他们将继续撒下爱,耕耘梦想。愿所有人都能在明媚的春天里,与诗为伴,与爱为伴!

3. 2016年第8届"我和你加在一起"诗诵会

蓝 敏

"春天来了,我们是尚未绽放的花……有一天我们会成为你们的最佳!"一首尚未绽放的花拉开了杭州北苑实验中学"我和你加在一起——朗诵名家进北苑暨2016年杭州北苑实验中学春天诗诵会"的帷幕。

4月14日下午一点,杭州北苑实验中学迎来了第七届的春天诗诵会,全体初一年级学生和老师集聚学校综合楼大报告厅,在这里与经典诗作相伴,与朗诵名家携手,一起创作,一起吟唱。我和你加在一起,歌唱青春,歌唱生命,歌唱属于我们的春天。本次活动,学校邀请了朗诵名家——FM89杭州新闻广播首席主持人,曾获得中国主持人金话筒奖的雷鸣老师,中国话剧协会会员洪坚老师,文澜中学诗歌朗诵团成员董海楠老师。

朗诵名家雷鸣老师的《少年中国说》慷慨激昂,意气风发,把诗诵会推向了高潮,下面的老师同学掌声积极热烈。初一《牧歌》诗社的同学带来的《我和你加在一起》更是拉近了同学们与名家、老师、家长、朋友的距离,拨动了很多人心中那根琴弦。董海楠老师的一曲《目送》令在场的师生、家长深受感动。当我们逐渐长大,与父母渐行渐远,他们静静地站在我们的身后,目送着我们离去。

我们诵读经典,我们也诵读原创诗歌。北苑是一个充满诗意的校园,我们在这里,办着自己的诗刊,做自己的诗人!北苑的学子们热爱着诗歌,受着诗歌的熏陶,用手中的笔写下了心中的诗。初一(3)班李牧风同学创作的《心海》颂出了同学们自己的青春,洪坚老师的《把杭州这杯茶端给世界》歌颂出了杭州的质朴与热情,其中的小琴独奏更凑出来北苑的韵味。徐燕强老师创作的《我站在城市的阳台》让我们感受到作为杭州人的自豪。

我们在诗意的校园里,诗意地读书,诗意地生活。杭州北苑实验中学的诗歌朗诵和课外阅读已经取得了优异的成绩,初二(5)班的胡屹辰同学朗诵的《天上草原》就获得了第六届中国少儿儿童艺术节全国总决赛语言项目少年组金奖。优秀的成绩离不开老师们的悉心指导,洪坚老师被评为第六届中国少儿儿童艺术节全国总决赛优秀指导奖。北苑实验中学章继钢校长为洪坚老师和胡屹辰同学颁奖。北苑实验中学《春天诗诵会》项目被评为2015拱墅区中小学优秀德育,雷鸣老师为学校颁奖。

"我和你加在一起——朗诵名家进北苑暨2016年杭州北苑实验中学春天诗诵会"在初一(7)班叶素芳同学创作的诗歌《我们的北苑》落下帷幕。这是我们的北苑,停留着我们的足迹;这是我们的北苑,拥有着我们的明天。在北苑,我们将乘着诗歌的翅膀,飞得更高,更远。

4. 2017年第9届"做更好的我们"诗诵会

蓝　敏

　　2017年5月8日下午，北苑实验中学自创诗刊《牧歌》首发仪式暨2017年春天诗诵会在北苑报告厅顺利举行。三十多位家长和全体初一学生在班主任老师和语文老师的带领下，诵读北苑学子自创的诗歌，为具有深厚文化底蕴的校园增添了不少诗韵书香。

　　柳色青青，繁花似锦，又是一年春好处。在这芳菲的四月天里，杭州北苑实验中学迎来了一年一度的文化盛宴——春天诗诵会。当校园遇到了朗诵，当生活遇上了诗歌，北苑学子们也遇到了更好的自己。"做更好的我们"便是本次诗诵会的主题。

　　自2009年诗诵会初办以来，它已经伴随北苑莘莘学子走过了九个年头，而今年诗诵会的内容更是别具一格——自己朗诵自己创作的诗歌，这对于一所初级中学来说，可谓首创。

　　在北苑这所兼具诗情画意与热情活力的青春学府，孩子们已经从稚嫩的孩童蜕变为小小诗人，学会了用敏锐而柔软的诗情，捕捉生活的诗意。当一首首稚气未脱的诗歌诞生于碳笔之下，青春又多了一份深沉而热烈的积淀。北苑实验中学校长，一位具有20多年教龄的语文教师——章继钢校长，他曾经说过，"我们以大地为笺，落英为墨，抒写北苑的春天"。章校长体悟到了孩子们心中的柔软，便在北苑原创诗刊《牧歌》诗集上定格了孩子们这份美好的沉淀，并将诗集送到每一位孩子手上，亲手为每一位刊登诗歌的作者写上寄语。

　　本次诗诵会从最初的诗歌创作，到最后的朗诵表演，历时近三个月，每个过程都凝聚了老师和同学们的心血和精力。他们在紧张的篮球训练和期中备考中挤出零碎的时间，不断练读与修改，数不尽的汗水只为润色心中对诗的向往。终于，在同学们对原创诗歌《做更好的我们》声情并茂的演绎中,2017年北苑春天诗诵会拉开了帷幕。

5. 2019年第11届"经典咏流传"诗诵会

宗冰冰　　顾青青　　刘奕辰

第一场

读中华经典,听诗词书韵;诵千古美文,传华夏文明。它就如夏日的繁星,闪烁着夺目的光彩;它又如春日的百花,散发着馥郁的芳香。杭州北苑实验中学2019春天"经典咏流传"诗诵会暨建国七十周年诗会活动(第一场)于5月27日完满落幕。

以声传情弘扬文脉,诵读经典动人心弦。本次活动,学校盛情邀请了浙江广电集团主任播音员、浙江高校播音与主持专业特聘教授唐克老师和全国播音主持金话筒奖获得者、浙江十佳优秀播音员主持人王维琳老师莅临现场。杭州北苑实验中学党总支书记兼校长金文,党总支副书记、副校长葛元钟,副校长徐巧飞,教导处主任徐燕强,学生处主任过鸿华以及副主任李建华全程参与了此次活动。

本次活动共分为三个篇章进行——"致经典""品自创""颂祖国"。首先进行的是"致经典"。由姚婕老师带领的牧歌诗社社团为我们做了气势恢宏的开场——《长征颂》。不论是蜜蜂合唱的夏天,还是高粱醉红的秋季,即便是冰封雪地的冬天,只要心中有梦便是春暖花开,初一(1)班带来了《面向大海　春暖花开》;生活平凡而真挚,拥有理想的人是幸福的,理想就如浩瀚海洋中的灯塔,为我们指明前进的方向,初一(2)班吟诵了《理想》;青春是一幅画,斑斓的色彩中描绘出对理想的渴望;青春是一支歌,律动的节拍间跳动着梦想的音符,初一(4)班带来了《青春万岁》;在这个绚烂的季节,在这片蔚蓝的天空下,我们要放飞自己的梦想,谱写下二十一世纪新青年的华丽乐章,初一(6)班学子在该篇章的最后带来了《我为少男少女们歌唱》。

  巍巍半山,有我北苑。文采飞扬,是我学子。身在北苑这个诗歌文化浓郁的校园里,每个学子也在诗歌创作中看见自我,看见世界。在自创中发现诗歌的魅力,在自创中领悟诗歌的力量。在"品自创"篇章中,初一(3)班刘怡庆、吴致勰、凌可珍、王佳慧创作的《多彩骆驼》以及初一(5)五班刘畅原创的《繁星·半山》精彩亮相。随后,金文校长带着北苑的众美女教师们对北苑做了深情的表白——《你好,北苑》(作者:徐巧飞副校长)。最后,徐燕强老师领着北苑的帅哥老师们,让我们读懂了《最美词牌名》。

  随着诗声的回荡,校长金文、副校长葛元钟为唐克老师、维琳老师颁发了"北苑实验中学牧歌诗社特约指导老师"的聘书。接下来,两位老师合作朗诵了诗歌《我骄傲,我是中国人》,声情并茂、波澜起伏、铿锵有力,台下师生掌声雷动,将诗诵会气氛推向高潮。最后,唐克老师与北苑学子倾情互动,带领两位小主持人深情朗诵了《忆江南》(三首)。江南美景跃然眼前,勾起了身处杭州的我们忆江南的无限情思。

第二场

  建国七十周年之际,无限爱国情怀涌上心头。北苑少年在此,诵读千古美文,传承华夏文明;共吟中华经典,聆听古诗书韵。一起向着祖国,用绚丽青春吟诵出最美诗歌!5月30日,杭州北苑实验中学2019春天"经典咏流传"诗诵会暨建国七十周年诗会活动(第二场)完满落幕。

  诗诵会伊始,姚婕老师带领着牧歌诗社社团为我们带来了气势恢宏的开场节目——《长征颂》。他们个个身穿灰色军装,将长征这部英雄的史诗,这段永不磨灭的永恒记忆娓娓道来,在诵读中说尽浩浩中华魂。此次活动共分为三个篇章"惜·少年""忆·时光""望·未来"及专家展示共四个环节。全场掌声此起彼伏,从未停歇。

  在本次活动中,各位专家也为学生们做出了精彩展示。叶琪老师的《哆啦A梦》《勇敢的心》配音表演,引起学生的阵阵欢呼,现场掌声雷动。

Tony老师和William老师的英语配音展示,令学生们感受到英语的语言魅力,感受到语言的表现形式是丰富多样的。唐克老师不仅向学生们传授了许多朗读的技巧,还带领两位小主持人完成诗朗诵《忆江南》,并鼓励和指导会场所有学生共同演绎诗歌《钱塘湖春行》,通过诵读学生们仿佛置身于西子湖畔,美景跃入眼帘。活动的最后,金文校长、徐巧飞副校长为叶琪老师颁发了"北苑实验中学牧歌诗社特约指导老师"的聘书,并对两位外国语言专家Tony和William老师表达真挚的感谢。

昨日的辉煌在经典诗歌中再现,今日的灿烂在经典诗歌中绽放,那些关于明天的梦想亦在经典诗歌中放飞。在本次诗诵会中,读者与诗人的心灵产生了共鸣,青春和梦想的色彩得以交汇。诗诵会落下了帷幕,但对诗歌的热爱永无休止。北苑的小小少年们,让我们继续读下去,从经典诗作中汲取力量!在经典诗作中开出理想之花!

6. 2020年第12届"生命"诗诵会

卢锐锐

原本属于春天的诗会,蹉跎至今,所幸只是蹉跎,北苑有那么多热爱诗歌的老师和孩子,我们选择用这样的方式让诗歌的生命在北苑延续。

今年的诗会,我们以"生命"为题,无非是想和大家分享"生命原是要不断地受伤和不断地复原,世界,仍然是一个在温柔地等待着我成熟的果园。而我们,就要这样怀揣美好和向往共赴这场生命的邀约……"

生活的苦楚往往不足为外人道,愿诗歌成为艰难中的一抹慰藉,温暖你,陪伴你,支持你,愿你们一切都好!

第一篇章 珍贵的你

你是一树一树的花开
是燕在梁间呢喃

你是爱,是暖,是希望

你是人间的四月天!

——林徽因《你是人间的四月天》节选

第二篇章 珍贵的生命

"云"诗会第二个篇章的主题是"珍贵的生命",这是继第一篇章"珍贵的你"之后我们最想告诉孩子的关于生命的语言。生命的珍贵在于经历,我们每一段的经历,都将我们雕刻成更好的样子,即使有过沮丧,即使遭遇困苦。顾城的《门前》:我多么希望/有一个门口/早晨/阳光照在草上/我们站着/扶着自己的门扇/门很低/但太阳是明亮的/草在结它的种子/风在摇它的叶子/我们站着/不说话/就十分美好。总是期望有这样的一个门口,阳光明亮,微风拂面,青草摇曳,种子生长,有人相对而站,与你相视一笑,泯去那些困苦和沮丧,陪你共度这一段"珍贵的生命"……

第三篇章 活在这珍贵的人间

"云"诗会最后的一个篇章叫做"活在这珍贵的人间",取自海子的同名诗歌,正如海子所说"活在这珍贵的人间,太阳强烈/水波温柔/一层层白云覆盖着/我踩在青草上/感到自己是彻底干净的黑土地/活在这珍贵的人间/人类和植物一样幸福"。听说,世间最美好的事物都是免费的,清风、山野、草地,正如阳光、雨露、土地之于植物,似乎很平凡,很简单,容易被忽视,却又无可取代,给予我们休憩的角落,也给予我们慰藉。我们身边是否有许多这样被我们忽略的美好,比如高架上一丛丛的月季,风过处,花瓣纷飞;比如北苑校门口的那片凌霄,适时绽放,从不失约。只要有那么一瞬,打动你,感染你,我们就不负这场生命的邀约。"珍贵的你"是世间最"珍贵的生命",让我们一起"活在这珍贵的人间"!

7. 2021年第13届"以青春的名义宣誓"诗诵会

印玲敏

诵千古诗词,传华夏文明,用声音传情,赋诗词以魂。在春光中传承华夏文明,诵读声中蕴含家国情怀。杭州市北苑教育集团(筹)"以青春的名义宣誓"2021年庆祝建党100周年春天诗会于5月25日完满落幕。

吟一首诗,看千年经典惹人爱;歌一阕词,让荡气回肠咏流传。本次活动,杭州市北苑教育集团(筹)分为北苑、桃源两个校区举行,杭州北苑实验中学校长郑德雄,党总支副书记赵永文,副校长徐巧飞、练彩云、宋成坦,校长助理赵亚东,教导处主任徐燕强,工会主席陈建勇参与了此次活动。

篇章一　春光·少年

由校长郑德雄、副书记赵永文、副校长徐巧飞、练彩云、宋成坦,校长助理赵亚东等几位老师带领着初二学生开场的《我是北苑人我是桃源人》表达了对学校最真挚的情感和最美好的憧憬。

"春天"是触动每个人内心的永恒题材,在美好的春日里,初一(8)班带来《面朝大海春暖花开》叙述一位诗人希望拥有平静而幸福的生活的愿望;初一(5)班一首《写给春天的诗》让我们带着对春天的期许与憧憬走进作家三毛笔下的春天;初一(2)班带来的《春》,让我们把对春天的憧憬编织成一曲曲美妙的歌曲,相约校园;青春是一首歌,慷慨激昂,催人奋进,青春是一条河,奔腾咆哮,永不停歇,初一(4)班同学激情朗诵《青春万岁》。

在杭州这个"人间天堂",初一(12)班带来《忆江南 江南忆》赞誉杭州春天;"少年",两个多么有分量又有朝气的称呼啊;初一(10)班朗诵的《我为少男少女们歌唱》分明是一首唱给自己的诗;初一(13)班带来《你是人间四月天》,让我们跟随一代才女林徽因,顺着眼眸,绕过指尖,去一瞧究竟;你们的青春灵动而飞扬,你们的誓言有力而高亢,初一(9)班带来《以青春的名义宣誓》要让生命的花朵,盛开在祖国最需要的地方。

篇章二　家国·少年

百年大党,逐风浪,巨轮扬帆远航。山河无恙,披盛装,真理万丈霞光。初一(7)班《祖国啊 我亲爱的祖国》和初一(3)班《喀喇昆仑的铭记》用金色的语言为祖国写一首诗。初二(2)班涂文杰同学铿锵演绎黄怡萱创作的诗歌《殉国者》,告诉所有人,我的背后是祖国,我的脚下是领土!句句诗,深深情,舞台上回荡着豪情万丈。

父爱如酒,不随时间岁月的流逝而减弱,父爱更如石,坚定地站在我身边保护我,使我不在人生路上一再跌倒。初二(4)班、初二(6)班葛乐乐、程蕾、潘成为大家带来方曼、张丹、潘悦童、王宇婷、娄奕辰和王馨蕊创作的诗歌《这里的春天是寂静的》;滔滔黄河水,掩不尽浩浩的中华魂,初一(15)班以一首《黄河颂》,化身一艘小小红船在气势磅礴的黄河中宣誓承载民族的希望,国家的未来;初一(14)班在台上骄傲自豪地大声喊出:我骄傲,我是一名中国人!

篇章三　未来·少年

回顾过去,展望未来。在我们停下脚步悔恨自己年少轻狂时,李白早已就写下感叹时光飞逝的千古名句,初一(6)班带来《将进酒》;在美好的春日里,青年应该扫除心里的阴霾,以更积极的心态面对未来发出觉醒的声音,初一(1)班为我们带来《回答》;一批人毅然决然奔向没有硝烟的战场,给中国带来光和希望,初二(5)班带来钱景创作的诗歌《逆光》;初一(16)班带来《少年中国说》给出我们在今天为何而奋斗的答案;初一(11)班一首《相信未来》让我们向着美好的未来展翅高翔;在篇章的最后,姚婕老师为大家带来《青春宣言》,让我们插上青春的羽翼在浩瀚的苍穹中翱翔。

诵读经典,展现魅力;千古美文,源远流长;传统经典,博大精深。通过本次经典诵读比赛,同学们在诵读中领悟经典美文的魅力,激发爱国情怀,优秀的民族精神在声声诵读中静静流淌,璀璨的文化智慧在琅琅书声中大放异彩。

第五篇　公益行动

　　公益活动是北苑这么多年来不曾丢弃的传统,每一年的社会实践,每一个假日小队,我们都将善意融入活动中,镌刻在孩子们的心头上,这是对尚善致远办学理念最好的诠释,也是送给每一个孩子最宝贵的财富。

公益之行,一直在路上

姜晓舟

我校坚持"尚善致远"的办学理念,以培养具有"三爱一心"的"致远学子"为目标。多年来,一直鼓励每一位同学积极参与公益行动,全面培养他们的责任担当意识和感恩社会之心,为他们三年乃至一生的成长打下坚实的基础。通过多年公益行动的开展,我校积累了一定的经验,也取得了一定的成果。

通过总结近几年我校开展公益行动、构建德育课程体系所取得的经验,我校在原有公益行动的基础上构建开发了公益行动体系,进一步地开展公益行动,并取得了不错的效果。

1.目标体系:制订各级目标

总体目标	通过学校公益行动的开展,让学生了解公益、参与公益、投身公益。逐步培养学生良好的道德品质、增强学生敢于担当的责任意识、锻炼学生处理问题的综合能力,使学生树立正确的人生观、世界观和价值观,促进学生思想道德建设、社会服务意识和综合实践能力的全面提升,为今后发展奠定基础。	
分类目标	初一	了解公益行动的意义、形式及流程。能在学校的组织安排下参与力所能及的校内公益行动,学习基本的服务技能,培养学生吃苦耐劳、乐于奉献、诚信友善的道德素养,促进学生道德品质的提高。

续表

分类目标	初二	掌握基本的公益服务技能。能积极参与校内的公益行动,并在学校的组织下参与到社区的公益行动中去,逐步熟悉公益行动的开展方式和活动流程,促进学生社会服务能力的提升。
	初三	根据自身服务经验和技能特长,主动联系学校、家庭周围的社区公益服务站,充分利用课余时间以公益小队的形式参与到各类社会公益服务中去,并形成文字报告,促进学生综合实践能力的全面提升。

案例:"运河情 绿色梦"垃圾分类活动各级目标

总体目标		通过多种形式全面开展生活垃圾分类知识教育工作,规范生活垃圾分类投放收集贮存工作,探索建立生活垃圾分类宣传教育工作长效机制和校内生活垃圾分类投放收集贮存的管理体系,引导学生养成爱护环境、物尽其用、减少废弃的文明生活方式。以学生的活动带动家庭,社区共同投入,让环保走进社区,走进生活。
分类目标	初一	召开垃圾分类主题班会,各班充分挖掘创意,进行垃圾分类金点子、垃圾分类小报、特色垃圾桶设计的评比,充分利用国旗下讲话、橱窗、展板等形式开展垃圾分类宣传工作。
	初二	发挥团员、队员先进性,开展校园卫生死角清理活动、校园垃圾分类回收工作;组织志愿者参与"半山公园环保行"活动,组织公益小队参与到社区的垃圾分类活动中去。
	初三	鼓励利用寒暑假以小队形式开展公益实践活动。走出校园,走入社会,到家庭、社区调研垃圾分类情况、宣传垃圾分类知识、服务垃圾分类活动、撰写垃圾分类报告,让垃圾分类知识和环保意识深入人心。

通过三个年级不同公益目标的制订,解决了公益行动目标层次性不足的问题。既充分考虑了学生年龄层次上的差异,也考虑了学生能力上的差异。由简到难,由学校到社会,由老师引领到学生自主,促使学生公益行动能力逐步提高,公益行动意识逐步提升,最终促进学生核心素养全面发展。

2.内容体系:整合各类活动

(1)活动时间上的调节

现在社会的公益组织越来越多,志愿者的服务热情也越来越高。每年的3月集中了大量与志愿服务相关的纪念日。3月5日"学雷锋纪念日"、3月12日"植树节"、3月16日"手拉手情系贫困小伙伴全国统一行动日"、3月22日"世界水日"。与此同时,3月也是志愿者活动服务人次最多的时候。这既体现了我们社会的进步,也是公益事业深入人心的表现。但是由于纪念日过于密集,往往会出现过度服务的情况。结合现在初中学生学习任务重,升学压力大,平时很难有时间开展大规模志愿者服务活动的实际情况,我校对公益行动的时间进行了适当调整。

公益系列活动时间表

时间	参加人员	活动项目
9月	校志愿者	1.新志愿者招募、注册、培训工作 2.校运动会相关保障工作
10月	校志愿者	体检相关保障工作
11月	初一志愿者	公益讲堂:消防知识学习、宣传活动
12月	团员志愿者	1.半山公园环保活动 2.社区法制宣传活动
寒假	全体志愿者	假日公益小队活动 初一:社区保洁活动、社区读书活动、社区垃圾分类活动等。 初二:地铁文明出行倡导活动、公共自行车清洁整理活动、斑马线文明礼让引导服务活动等。 初三:城市宣传活动、环保调研活动、关爱小候鸟活动等。
3月	校志愿者	1.小红帽扮靓小红车 2.校园绿化养护活动
4月	全校师生	爱心义卖活动
5月	团员志愿者	剿灭劣五类水活动

续表

时间	参加人员	活动项目
6月	初二志愿者	公益讲堂：禁毒知识学习、宣传活动 社区活动：防诈骗知识学习、宣传活动
暑假	全体志愿者	假日公益小队活动 初一：社区保洁活动、社区读书活动、社区垃圾分类活动等。 初二：地铁文明出行倡导活动、公共自行车清洁整理活动、斑马线文明礼让引导服务活动等。 初三：城市宣传活动、环保调研活动、关爱小候鸟活动等。

充分考虑全年公益行动的整体安排后，我校按上表对公益行动的时间进行调整。把每年的公益行动分为4个时间段开展，既保证了公益行动的时效性，又保持了公益行动的延续性。更重要的是把适合学生自主参与的活动都统一安排在寒暑假，并针对不同年级志愿者提供不同层次的公益行动，增加公益行动对学生的吸引力。使得学生有足够的动力去开展自己感兴趣的公益行动，有足够的能力去开展自己能完成的公益行动。

(2) 活动内容上的整合

初中学校由于学生年龄结构上的过渡性，既有共青团员，也有少先队员，所以会有团队两条线的相关公益行动。加上学校德育线的活动，重复的内容比较多。如果没有统筹安排分各条线单独开展，既占用大量的学校资源，也影响公益行动的效率。所以对这类活动，可以从学校层面事先调研，整合后统一开展，起到事半功倍的效果。

案例：党团队齐行动，剿灭劣Ⅴ类水

活动方案

2017年，浙江省委、省政府向全省发出了剿灭劣Ⅴ类水决战决胜的动员令。杭州市委、市政府也提出了"小河清清大河净"的工作目标，向全市上下吹响了冲锋号。我校党支部在书记的带领下，积极响应拱墅区"剿灭劣五类,我们在行动"的活动号召,把治水剿劣作为"两学一做"学习教育的重点任务,在师生党团员中普遍开展剿灭劣Ⅴ类水主题教育实践活动。

活动时间:2018年6月26日上午8点30分

活动地点:上塘河沿岸

参加人员:党员教师8人,学生团员、队员40人

活动流程:

1. 书记做"剿灭劣Ⅴ类水"专题报告。

2. 全体人员分为4个小组在上塘河沿岸开展河道垃圾清理活动、剿灭劣五类水宣传活动。

3. 公益小队成员开展水质调查活动。

活动要求:

1. 活动期间,全体人员要有较强的责任意识和安全意识。不能单独活动,一切行动听指挥。

2. 学生统一穿校服,佩戴团徽、红领巾,注意活动的严肃性和纪律性,展现新团员、队员的文明形象。

活动筹备:

1. 6月20日成立策划小组,召开筹备会议,形成草案。

2. 6月23日进一步完善方案,形成定案下发相关人员。

3. 书记室:教师人员通知

4. 团委、少先队:学生人员通知、志愿者旗帜、帽子40顶

5. 总务处:大号垃圾袋16个、垃圾钳40把、网兜8个

6. 办公室:宣传报道

本次活动就是校党支部事先统筹安排,制订完善的活动计划,再由学校团委、大队部等多部门共同配合完成的剿灭劣五类水公益行动。本次活动不光体现了党建带团建的先进引领机制,更展现了党团员的模范先锋作

用。通过整合,使原本重复纷杂的活动条理更清晰,组织更合理,责任更明确,活动更有效。

3.评价体系:完善评价机制

(1)评价体系:引入积分,细化评价

通过在志愿汇App建立学校志愿者组织,把学校志愿者开展服务的荣誉时数、信用时数、公益积分等评价内容整理记录,定期反馈给志愿者、公益积分将与奖励体系挂钩的评价体系,使公益行动管理更精细、统计更全面、评价更合理、保障更完善。

A.普通志愿者:服务校内外各项公益行动,累计时长达1小时,荣誉时数加1分。

B.优秀志愿者:服务校内外各项公益行动,表现优异,被评为优秀志愿者,荣誉时数加3分;被评为优秀公益小队,每位队员荣誉时数加3分,队长加6分。

(2)奖励体系:树立典型,表彰先进

对公益行动中表现突出的先进集体和个人,通过晨会、宣传栏、校园网、微信推送等多种渠道大力表彰,树立公益服务标杆,并在运河小公民、少先队评先、推优入团等方面优先推荐。同时推出公益点歌券、奖品兑换券、作业减免券等各类奖励券,激发他们参与公益行动的热情。

师生奉献爱心，教育精准帮扶

姚　婕　姜晓舟　张义熙

启动仪式

阳春三月，草木滴翠，桃花吐蕊，万象更新。3月22日下午，杭州北苑实验中学的师生兴奋不已，操场一片欢腾。公益系列之"师生奉献爱心，教育精准帮扶"活动正式启动。本次活动在学生处及团委的有序组织下顺利开展，活动的核心内容为爱心义卖，义卖所得款项将用于帮助贵州黄平谷陇中学打造"读书长廊"。

首先，由学生代表解哲康发言。解同学认为，义卖活动不仅为了对暂处困境的同学略尽绵薄之力，更是为了弘扬雷锋精神，继承我校优良传统，以人文彰显情怀，用公益传递价值，使北苑中学的"公益情　三年行"向深度和广度推进，让爱心之树四季常青。他呼吁同学们行动起来，再次一起用爱心点燃希望，用行动播种阳光。

接下来，校长金文作了《奉献，让幸福常在》的主题发言。金校长跟同学们分享了两个字——奉献。"奉献是无私的给予，是爱心的光芒，是人生最大的幸福。生活在城市的我们也许不知道有这么一群孩子，从来都不知道山外面的世界，但他们也企盼读书……孩子们，也许我们捐出的只是一本书、一盆花、一个玩具,但我坚信涓滴之水可以汇成海洋,只要大家都伸出援助之手,总有一天,他们也能拿上丰富的书籍,畅游知识的天地。"

金校长的发言真情灼灼,点燃了师生们义卖的火焰。在金校长宣布活动开始后,各班已经迫不及待,在自己指定区域内展开了他们独具特色的义卖活动。义卖的海报巧具匠心,义卖的物品琳琅满目,书籍、盆栽、工艺品、文具、学生创作的书画作品、工艺制作应有尽有,自制的寿司、凤爪、棒棒糖都纷纷登场。

最有影响力的义卖商品是提供与金校长面对面畅谈学习、生活,做人生规划的十个名额。价格也相当公道,十元一次,绝对物超所值。此次活动不仅在校园内大获好评,更是在社会中产生了较大的影响,《杭州日报》专门对此事进行了深度采访。

活动方案

一、活动时间

书信交流:2018年5月—6月

暑期交流:2018年7月15日—7月18日

二、活动内容

(一)书信交流:初一同学与贵州黄平重安中学同学结对,开展书信交流。介绍自己的学校班级,家乡的风土人情,关心结对同学的生活、学习情况等,互相勉励,共同进步。

北苑中学初一10位同学:品学兼优、具有爱心、热心公益事业;

重安中学安排5位"小候鸟"来杭学习交流,体验北苑"致远"课程。

(二)暑期交流:7月邀请贵州黄平重安中学的1位老师和5位"小候鸟"来杭学习交流,与北苑同学(5人)一起学习"致远学子"成长课程。

三、活动安排

日期	时间	安排	备注
7月15日	上午	贵州黄平重安中学师生搭乘国内航班到达杭州。北苑安排接机。 启程航班号及起止时间： 龙洞堡T2 7:45—10:00 参考航班:6169	
	下午	到校后学校先安排住宿,整理寝室,在校午餐。下午2点在学生阅览室举行欢迎仪式并参观校园、合影留念。	金文校长致辞
	晚上	在北苑晚餐后与北苑同学一起爬半山国家森林公园,登望宸阁,了解半山娘娘庙的故事,感受半山文化。	课程:牧歌阅读
7月16日	上午	在北苑早餐后,乘车。 游京杭大运河,寻访拱宸桥,感受桥西历史街区的城市风貌及自然环境特色。参观中国京杭大运河博物馆,全方位、多角度地了解大运河历史文化,感受京杭大运河的魅力;参观中国刀剪剑博物馆、中国扇业博物馆,传承杭城优势手工艺,体会工艺美术的魅力。参观华良投资有限公司。	课程:牧歌阅读
	下午	午餐后乘车前往西湖。 沿北山路—断桥—苏堤—花港观鱼、南山路一线参观西湖景点,寻访西湖的历史故事,寻找西湖的诗歌韵味。	课程:牧歌阅读
	晚上	乘车回校后晚餐。 学习"致远学子"成长课程。	课程:活力篮球 　　　音　乐

续表

日期	时间	安排	备注
7月17号	上午	早餐后,学习"致远学子"成长课程。	课程:宏优乒乓球
	下午	午餐后乘车前往浙江大学。 参观著名顶级学府之一,有着"东方剑桥"之称的浙江大学,感受国际名校风采,励志学习。 然后乘车到达浙江省科技馆参观。浙江自然博物馆新馆建筑面积约2.6万平方米,拥有近13万件珍贵的馆藏标本;建筑面积约3万平方米,设有104个展项、300多件展品,既有数、理、化、天、地、生等基础科学原理内容,又涉及生命科学、环境科学、材料科学、航天技术、能源技术、信息技术等十几个学科领域知识。	课程:科学探究 课程:深蓝科技
	晚上	晚餐后,乘坐地铁到达市民中心,登上城市阳台,欣赏钱江新城夜景、灯光秀,感受杭州城市发展。 参观完后乘车回校,休息。	课程:光影世界
7月18号	上午	早餐后,参加社区公益活动,告别北苑师生,进行简短的参观交流体会	课程:公益课程
	下午	午餐后,贵州黄平重安中学师生乘车前往萧山机场,搭乘国内航班回贵州。 起止时间:萧山 14:55—17:10 参考航班:1065	合影留念 互赠纪念品

重安中学:教师1人;学生5人,具体人员名单由重安中学确定后交北苑。

四、活动注意事项

1. 活动经费(食宿、出行、门票等):1位带队教师由贵州黄平重安中学负责,5位同学由中旅旅行社赞助。

2. 黄平—龙洞堡机场:由重安中学安排车辆及安全保障。

萧山机场—后期行程:由中旅、北苑中学安排;全程师生购买保险。

3. 致远学习课程安排由杭州北苑实验中学负责。

活动报道

有朋自远方来,不亦乐乎!2018年7月15日,贵州黄平重安中学团委书记周长城老师和5位同学一行6人,来到了杭州北苑实验中学,参加为期4天的"致远学子"课程学习。杭州北苑实验中学金文校长、葛元钟书记、封俊杭副校长以及结对同学为他们举行了隆重的欢迎仪式。

杭州北苑实验中学是贵州黄平重安中学结对交流学校。今年4月,北苑就开展了"师生奉献爱心,教育精准帮扶"大型公益义卖活动,为贵州黄平重安中学的同学送去了北苑学子的爱心帮扶;5月,北苑又与重安的结对同学开展了书信交流,并邀请他们,暑期来校参加"致远学子"课程。

本次公益活动也得到了社会各界人士的鼎力支持。赞助本次活动的华良投资有限公司董事长张中仁先生虽未能亲临现场,但也委托浙江省中国旅行社集团有限公司游学部的王铮经理送上了他的问候。杭州日报、浙江教育频道、明珠频道等媒体都对本次活动进行了报道。

这是一次人文之旅

北苑结合学校《牧歌阅读》课程,安排了半山—运河—西湖的人文寻访路线。同学们登临望宸阁,了解半山娘娘庙的故事,发现半山文化的魅力;参观运河博物馆、刀剪剑博物馆,走访桥西历史文化街区,感受京杭大运河的悠久历史;闲步断桥白堤,赏荷观鱼,融入西湖的美景之中。

这是一次科技之旅

电子商务、大数据、移动支付这些高科技让参加课程学习的孩子们感受到了杭州城市生活的全新发展。同学们登上城市阳台,观看了具有杭州 logo 等元素,文字、灯光、影像组成的大型灯光秀。科技的进步,离不开高校的发展。在北苑2013届优秀毕业生,现就读于浙江大学医学院的许淼容同学带领下,"致远学子"一行访问了具有"东方剑桥"之称的浙江大学。许淼容同学结合浙大西迁的历史,介绍了浙大和贵州的不解之缘,并用浙大"求是创新"的校训鼓励同学们好好学习。

这是一次学习之旅

虽然正值暑假,但是北苑还是为重安的同学们开设了活力篮球、宏优乒乓球、新体系音乐、光影世界、科学探究等精品课程。四天的学习中,既有乒乓球基本步法、篮球传接球的训练,也有新体系音乐的唱练结合;还有光与影的形成等科学探究,让他们从人文、体艺、科技三方面感受"致远学子"课程。

这是一次爱心之旅

贵州的同学们在返程之前与北苑学子一起来到社区,参与"公益情三年行"暑期公益服务活动。他们全身心投入到楼道"牛皮癣"的清除中,良好的服务态度和优质的服务结果得到了社区居民的一致好评。

四天的课程转眼就结束了,时间虽短,但是同学们的收获却很多。北苑中学为参加学习的每位同学都颁发了"致远学子"课程的结业证书。四天的相处也让结对的同学们有了更深入的了解,临别之际也有些许不舍,但两校的情谊和交流将继续,期待我们的再次相会!

● **北苑中学郑方圆同学对本次学习的感受:**

四天之旅虽然短暂,但我们都受益匪浅。我发现,虽身处杭州,但对于杭州也并不是那么了解。通过这四天的旅行,我也学到很多。比如,在运河博物馆中,了解到的关于运河的知识,原来运河是这样建成的;在浙江大学,感受了名校不同于普通大学的氛围,也想努力学习,原来好的大学是可以这么大的;灯光秀也美轮美奂……其实感受有很多,但其中令我感受最深的是杭州城的美丽,贵州同学们的淳朴、真诚。我也为我身处在这样一个风景如画的城市而感到自豪与荣幸!

●**北苑中学申屠雨含同学对本次学习的感受:**

经过这几天与贵州黄平重安中学的同学相处,我发现因为地理位置的不同,两地的文化也有很大差异,希望下次有机会可以去贵州体会那边的风土人情。我们在参观京杭大运河博物馆的时候,重安的同学们都很认真,随着志愿者的解说了解运河文化,而我们听了解说员的解说,也顿时发现原来自己对运河的文化也是一知半解,这让我有些惭愧,贵州同学们的朴实淳厚给我留下了很深的印象,也很高兴这次能带他们游览杭州。

传播爱的教育,筑梦万水千山
——杭州北苑实验中学吴毅娟老师来凤支教侧记

吴毅娟

2020年是极不寻常的一年。突如其来的新冠疫情让每个人的生活有了巨大的改变。

这一年的2月份,杭州北苑实验中学的数学老师吴毅娟响应拱墅区教育局的号召,怀揣着教育的美好梦想与情怀,即将奔赴1314千米之外的恩施州来凤县实验中学开展为期一年半的教育帮扶工作。

今天,让我们一起跟随她的脚步走进大山深处,看看她那不平常的2020年。

线上教学,且学且教,等春来

2月,在抗击疫情期间,为积极响应教育部"停课不停教,停课不停学"的号召,吴毅娟老师也打开了摄像头,第一时间进入教学状态,为来凤县实验中学的七年级14个班开设了40多节网络直播课。做好线上教学示范引领作用,把疫情影响减小到最低,展示杭州效率和杭州担当。

线下家访,且教且思,在一起

为了尽快了解孩子们的学习和生活情况,创设平稳的教育过渡环境,网课教学一结束,吴老师就马不停蹄地开始准备她的家访计划。809班是农村班，孩子们大多来自乡下，跟爷爷奶奶一起生活，山高路远，每户人家都离得很远，再加上雨季的到来，学校领导认为家访难度太大，建议吴老师推迟计划。可是想到那些因为各种原因没有上课，那些在大山深处已经脱离集体生活半年之久的孩子们，吴老师委实放心不下，她更加认真地做了攻略，先生也特地从杭州赶来支持她的工作，当好她的驾驶员兼保镖，凭借导航，一个一个孩子地找，风雨兼程，他们的足迹遍布来凤县的各个乡镇，了解了土家族苗族的一些风土人情，熟悉了孩子们的生活环境，还对孩子的心理和学习进行了辅导，得到了学校和家长们的肯定，也受到孩子们的热烈欢迎。通过这些工作，她对教育帮扶有了更深刻的认识和体会。

下面我们就选取吴毅娟老师家访日记中的一段来感受一下吧!

2020年7月16日　阴转雨　百福司镇+漫水乡　地标：高洞村三角桩村"小宇宙"家。导航显示这里离百福司镇18公里，虽说对于路途艰辛有了思想准备，环境的恶劣还是超出了我们的预期。因为山路崎岖狭小，信号时不时中断。幸好山路边零散的住着几户人家，我们沿着盘山公路一路开一路打听，到了高洞村村委，意外得知脚下的这条公路还是当年张富清老英雄作为总指挥带领大家所修建的，我们勇气倍增，沿着英雄的足迹，一直开到路的尽头就是目的地了。在政府的帮助下，村里已脱贫，家家户户都有了自己的房子。孩子的父母都外出打工了，爷爷奶奶热情地搬出古旧的小红椅和两个1.5升的大水杯来招待"贵客"！孩子略显拘谨地在一旁站着。奶奶悄悄地告诉我们，孩子很宅，几乎不出门，上网课的时候好像都在打游戏，期末测试成绩很不理想，希望我们好好跟孩子沟通一下。我们为他们的纯朴和真诚所打动，也为自己的被需要而欣慰，途中的疲惫也一扫而光，觉得不虚此行。

亲情教学，一张一弛，促成长

9月1日，学校如期开学，这学期吴毅娟老师承担了809班的数学教学工作。

教学中她发现班上的孩子普遍胆小,怕老师,上课也不大敢发言,习惯听、抄、记,思维比较单一,学习是任务型,课外知识相对缺乏。课业任务繁重,从早上7点到晚上9点,除了最后一节是自习课,每天要听完11节课,根本没有时间去整理和消化。为了更好地培养孩子的数学思维,使其学会探究和分享,吴老师鼓励他们大胆发言,树立信心和目标,利用和创造一切机会让他们表现、实现自我,真正成为学习的主人。

别出心裁的"迟到唱歌"法让孩子们体会到了不一样的惩罚,也激活了每个孩子的艺术细胞,她创立的"每月之星"极大地激发了孩子们的兴趣,课后质疑、答疑、乐学的孩子越来越多!孩子们是多么喜欢数学课啊!

"我们最喜欢吴老师了!"教师节,她为孩子们准备了诗和鲜花,鼓励孩子们大胆地表达爱,学会感恩;九一八,国庆节,一二·九……她用一个个生动的故事告诉孩子们什么是责任和担当;运动会上她是孩子王,和他们一起奔跑、呐喊、加油。有人跌到了,她鼓励孩子要勇敢坚强;有人受伤了,她又化身为朋友,端饭送水,教会了孩子们去关心和关爱。运动会结束后,她把运动会上抓拍的一张张笑脸、一个个镜头洗出来分发给孩子们,让孩子们感受到快乐和幸福!

"她是我们大姐姐!""不,是妈妈!"

稳重的班长、善解人意的小雨点、可爱的贝贝、即将爆发的"小宇宙"、聪明伶俐的浪仔、需要时总在身边的暖男"谢总"……72位孩子,她对每位孩子的性格特点都了如指掌,如数家珍,并一视同仁。孩子有畏难情绪,她比谁都着急、心疼。班上有个女生,数学基础较弱,自主学习能力欠缺,一段时间的个别辅导后收效甚微,小女孩明显泄气了。"芳芳,你不要着急,老师正在研制魔法棒,等我研制成功了,加上你的努力付出,咱们一定可以学会的。"女孩点点头,半信半疑的,脸上却洋溢着笑,那么明媚,那么灿烂。吴老师每天都在教室和办公室之间奔跑着,抓紧一切时间和孩子们相处,总怕时间不够,怕来不及……

她的这种工作热情和务实精神也感动着身边的人,学校的田校长是这样评价她的。

以点带面,以研促教,共进步

作为一名支教教师,吴毅娟老师时刻不忘自己肩负的使命。除了教学任务,她还积极做好桥梁作用,把拱墅区的先进教育理念引进来。这里的老师教学任务繁重,一个班70多个孩子,数学基本一周8节课,还有托管、学习、培训、下乡走访贫困户、防控辍学等各种各样的任务。他们也盼着课改,能专心专业教学。一开学,吴老师就和杭州北苑实验中学教务处的徐燕强老师积极联络,开展协作交流,把北苑的集体备课经验和"美央青年教师成长工作室"的章程在学校做了宣传和推广。她还和教科室的其他老师们积极探讨,努力推进名师工作室的工作。她主动开设了专题展示课,言传身教,传播拱墅有温度的课堂教学。通过听课,评课,指导青年教师如何精心备课,说课,积极鼓励青年教师多多参加赛课,数学组的谢远宝老师这学期共上了三次公开课,并且在校青年教师大比武上获得一等奖,徐丽和卢波两位数学老师也获得了二等奖的好成绩。她认真参与每一次的校、县、州以及国培计划等活动,互相学习、深入交流,更好地了解恩施教育,更好地为来凤教育助力。她的热情感染了学校的其他老师,为学校带来更多的生机和活力。为了更好地把杭州先进的教育教学理念和经验传播到来凤,吴毅娟在校第三届第二期"我讲我的教育故事"演讲中,认真比对杭恩两地教学异同,并结合自身教育教学经验,和老师们一起分享了杭州的美好教育,杭情施意,源远流长。

感受关爱,温暖前行,更坚定

来凤县教育局、来凤县实验中学都非常关心爱护支教老师,人还未到,就早早打来了问候电话,并送来了口罩、消毒水等防疫物品,在生活上给予无微不至的关怀,使得吴毅娟老师很快就适应了来凤的生活,投入到了工作中。11月14号,杭州市教育局副局长高宁带领杭州市教育教研专家和杭州名校名师赴恩施州开展送教交流活动,他们一行特地到来凤县实验中学看望了吴毅娟老师。在郑德雄校长的大力支持和帮助下,杭州北苑实验中学为来凤县实验中学的名师工作室捐献了50本《亲情教育》和1200余册图书供师生们阅读,助力孩子们的未来之路越走越宽,越走越远。来自公益中学的潘志平校长更是对名师工作室的工作开展给出了很多可操作性的建议。携带着这些爱和信任,吴毅娟老师的教育帮扶之路也将越走越坚定。

公益行动掠影

1. 爱心义卖活动

蓝　敏

晴空万里、阳光明媚、伴着暖暖的春风,北苑实验中学公益活动之爱心义卖如期举行。3月3日下午,北苑实验中学操场上人头攒动、热闹非凡,北苑学子表现出了与平日不同的精彩一面。

本次义卖活动在学生处及团委的有序组织下顺利开展,学生代表陈未发言,表示学校举行这样的活动对他们来说意义非凡,这将是他们成长过程中难忘的一幕、终身受教的一课。

王平副校长作为学校代表发言,向为本次活动付出心血和汗水的老师、同学以及家长们表示衷心的感谢!王校长说:"北苑实验中学坚持'尚善致远'的办学理念,以德育为先,教学为中心,提升师生素质。学校推崇的'善',主要是指'三爱一心',即爱集体,勇于奉献;爱他人,乐于合作;爱自己,敢于超越。爱心义卖活动是一项传递爱心,帮助他人的公益活动。同学们把自己心爱的、闲置的物品拿来义卖。这不但培养了学生们理财和经商的头脑,更提高了与他人交流的能力,同时也是展示和推销自己的一次锻炼。而更重要的意义在于,同学们将自己义卖所得的款项捐给与我校长期结对的浙江省丽水市龙泉安仁中学家庭贫困的10位小伙伴们,让10

位小伙伴们与我们一样能有幸福快乐的童年。帮助别人，快乐自己，善款有限，爱心无边！我们捐出的是闲置不用的物品参加爱心义卖的善款，表达的却是片片无法用金钱衡量的爱心。受帮助的不仅仅是贫困的同学，更是我们，我们学会感恩，收获一颗感恩的心！"随着王校长的宣布，爱心义卖活动正式开始。

初一初二学生以班级小组为单位展开了他们独具特色的义卖活动。义卖物品有书籍、盆栽、工艺品、文具、学生创作的书画作品、工艺制作等等。

本次义卖活动的最大特色是学校党支部也参与了义卖活动，党员教师和孩子们一起精挑细选出了好的商品进行义卖。党员教师的摊位里物品可谓琳琅满目、应有尽有，吸引来了一批批老师和同学。党员教师郑海还现场挥笔泼墨，进行书法创作，刚劲有力的笔画、大气磅礴的书法作品令在场的老师和同学们赞叹不已。

学校之所以举行这样的活动，一来锻炼孩子们的能力，二来是为了对贫困学子表达爱心。除了常规的义卖产品外，我们的同学更是别出心裁，比如初一（2）班同学设计了一个环节"送寄语"，兼带捐款，赵予恒同学说："寄语是精神食粮，当然光有精神食粮也不够，所以我们请大家也捐款，表达自己最最真挚的关怀与爱。"郭欣蕙同学说："在以后的人生道路上，我一定会尽我的能力去帮助有需要帮助的人，帮助别人是很快乐的。"初二（7）班沈艺秋同学说："这次活动，在我心中是一次意义重大的经历，我们用自己的双手献出了爱心，虽然辛苦，但能够为远方的朋友提供帮助，真的很值得。"这次活动，很多家长也积极参与其中，和孩子们一起吆喝一起呐喊，热情地伸出他们的双手，引领孩子帮助他人。经过大家近两小时的努力，义卖活动圆满结束。本次义卖共收入20793.20元，这批款项将全部捐献给丽水市龙泉安仁中学的贫困学子，为他们送去北苑学子的爱心。

赠人玫瑰、手有余香，奉献爱心、播散希望。义卖有价，爱心无价。让我们积极行动起来加入爱的行列中,把爱传递下去,让我们的校园里爱心流动;让我们的校园里到处传递着感恩的气息。北苑实验中学将用爱心点亮希望。

2.寒假公益服务活动

姚 婕

学校让每一位"致远学子"积极参与公益活动,以期全面培养他们的社会担当意识和感恩社会之心,为他们三年乃至一生的成长打下坚实的基础。

今年寒假,一位位"致远学子"走出校园,走向社会,开展了形式多样的公益服务活动,用实际行动诠释了学校"尚善致远"的办学理念。

同学们组成一个个公益服务小队,有的走入社区,开展社区卫生服务;有的走进入图书馆,开展书籍整理活动;有的来到公共自行车服务点,戴上小红帽扮靓小红车;有的走上街头,为寒冬中辛勤工作的环卫工人送上暖心的礼物;有的倡导垃圾分类,有的宣传"五水共治",到处都能看到他们热情服务的身影。

活动感想——

黄嘉玮:这次活动,我是组长,组员也非常配合,给他们布置的任务完成得非常出色、完美。而且我们这次活动也有很大的意义,让我们体验了为社会服务的感觉,也让我们真正地明白了"赠人玫瑰,手有余香"这句话。看着大家在骑公共自行车,也在心里想:这辆自行车是不是我擦过的,想到这里,心里总是会有一种甜甜的感觉。

张翮:折报纸确实是挺麻烦的,我们六个人分工折了1000份报纸,每个人埋头苦干,尽管只是简单的操作,但也考验了我们的耐心。当了半天的志愿者体验到社区服务人员的不容易,派送了700份报纸,总的来说完成情况还是很好的,也得到了服务人员的赞赏,让我们下次活动的时候再来,我们也很乐意去参加,穿上红马甲就有一种荣誉感和责任感。

莫雨菲:水资源是人类的共同财富。通过此次活动,我们深刻了解到了水污染的严重性以及及时整治的必要性。我们作为社会中的公民也应做好"五水共治"。我相信,随着美丽杭州的不断建设,杭州这座城市将会变得越来越好!

张旭:在风景如画的运河边,我们看到了大煞风景的一幕,整齐的道上,本应该停靠有序的自行车居然有一台倒地了。我们组织了这次活动,大家一起将一些乱停放和倾倒的自行车扶起并挪至规定的停放处。我们发现了在共享单车上杭州人仍存在着许多问题,乱停乱放,挡住了行人的正常通行,有些共享单车甚至直接倒在了路面上,破坏了杭州城的美丽。如此行为引发了我们深刻的思考,共享单车的倒地,说明了一些使用者对于共享单车的态度的恶劣,我们要以身作则,影响身边的人,保护共享单车,保护美丽杭州!

解哲康:通过这次活动,我了解了垃圾分类的重要性,明白了垃圾分类的意义,为社区整理图书的辛苦。但我感觉我待人还是不够热情,以后还需改进。为社区整理图书也使我明白了清理图书馆的辛苦,这一天下来使我收获了很多,我也希望以后多多为社区做贡献。

王毅彬:扫除污浊送旧岁,带来清爽迎新春。他们是整洁清爽的使者,是这个世界献给我们最好的礼物。他们每天凌晨四点钟起床上班,直到晚上八九点甚至更晚才能回家,只为给我们的城市带来干净整洁。他们不畏三九严寒,不畏酷暑,始终如一给我们的城市带来整洁,他们是这个世界上最可爱的人!

通过寒假公益活动的开展,我校不但培养了"致远学子"的志愿服务精神,更是锻炼了他们的组织能力,提高了他们的动手能力,塑造了他们正能量的形象。

3.志愿者服务活动

姜晓舟

在今年"3·5学雷锋纪念日"来临之际,杭州北苑实验中学的志愿者们组成了一支支公益小队,走出校园,走入社会,开展了形式多样的公益活动。拉开了我校特色品牌公益系列活动的序幕。

在假期中,公益行动逐渐成为同学们暑期实践活动的首选。同学们组成的公益小队,有的走进社区、图书馆,积极开展社区志愿服务。有的来到公共自行车服务点,为公用自行车的整齐有序贡献一份自己的力量。还有的公益小队排演节目,为敬老院的孤寡老人们献上精彩的演出。有的公益小队更是先进理念的倡导者,他们倡导垃圾分类、宣传"五水共治",到处都能看到他们热情服务的身影。

本次活动针对不同年龄段学生的身心特点,分层构建、合理统筹、精心设计,充分利用学校周边资源,开展适合学生的公益活动,促进学生道德建设、服务意识和实践能力的全面提升。

与此同时,我校通过在志愿汇App建立学校志愿者组织,把学校志愿者开展服务的荣誉时数、信用时数、公益积分等评价内容整理记录,定期反馈给志愿者,使得流程更加完善。后期,我校将考虑构建公益积分用于兑换奖品的体系,使公益活动管理更精细、统计更全面、评价更合理、保障更完善。

目前,我校校风好、教风正、学风浓,发展势头正劲。百尺竿头,更进一步。我们将抓住新机遇,不懈努力,将杭州北苑实验中学打造成为"城北精品、杭州一流"的现代化初中,办好老百姓家门口的好学校。

第六篇　德育论坛

老师是学校德育的骨干力量,与学生朝夕相处,往往也能第一时间感知到学生的变化,即使是微小的情绪变化。学校将12位老师的德育理念、论文、案例、随笔结集成册,用来分享交流,让更多的老师去思考,让学校的德育更温情!

(一)课程文化

班级文化中潜在课程的研究

杭州北苑实验中学　郑德雄

内容摘要: 潜在课程主要通过班级的物质环境、精神文化氛围和人际关系等,对学生"学力成长""人格成长"和"身心健康"形成潜移默化的影响。班级文化不仅是中学校园文化建设的重要组成部分,是构成潜在课程的重要方面,而且是一种不可替代的、无形的、潜藏着育人价值的课程资源。这种课程资源的科学开发能够提高中学生的生活质量,帮助学生形成完整的人格,真正实现从应试教育到素质教育的转变。

关键词: 潜在课程;班级文化;班级精神

一、问题的提出

"择校"是当今的教育现实,与择校同时存在的还有"择班"。然而在现实中,有很多学习成绩并不理想的学生无法实现"择校"的愿望。这些学生的家长就不惜一切代价,动用一切关系,不达目的不罢休,把希望全部集中在"择班"上。家长"择班"的道理不能不引起我们思索。家长虽然可能不懂得教育的文化学理论,但是他们凭着直觉已经认识到教育文化学理论的"奥妙"。所谓"择班",其实就是选择班级文化。班级文化作为一种潜在课程并未被教育者们所广泛认识,但是随着科技的进步、社会的发展,人们已不再把课程结构仅仅局限于传授知识为主的学科课程,开始注意到了潜藏于学校、社会体系和正规课程之中的潜在课程对学生的影响。它是一种不可替代的、无形的、潜藏着育人价值的课程资源,对中学生的身心发展和人格健全产生潜移默化的影响。在人的社会化发展中的某些长处是显性课程所不能代替的,在一定程度上制约着课程育人目标的实现,与正式的显性课程一道构成相得益彰的学校课程范畴,会积极推动学校课程育人目标的实现。为体现教育的完整性,我们必须予以高度重视对潜在课程的认识和探索,并重视对潜在课程在教学、活动过程之后的反思与总结,不断提高潜在课程的研究能力与实践能力。

二、研究的目标与方法

(一)研究目标

本课题研究的目的是通过理论思考和实践尝试,主要探索班级文化中的潜在课程实施的策略。该课题的重点在于探索以文化活动的形式,以浸润、默化的方式使学生的品格、态度、价值观、行为方式、修养等得到培养,研究活动育人,文化熏陶人的规律。

(二)研究方法

1. 文献资料法。借助《全国新书目》《中文报刊教育论文索引》和各类教育网站搜寻国内外有关潜在课程理论和国内外有关班级文化研究的学术信息,收集相关的文献资料。

2. 行动研究法。在实践中通过行动与研究的结合,创造性地应用教育理论去研究与解决不断变化的班级文化建设实践中的具体问题。观察自己身边的教育现象,对现象进行思考,作初步的分析,提出改进行动研究方案。

3. 实践反思法。理论研究与班级文化建设实际工作的改善同步进行,实现研究为改善实践效果服务的目的,用"反思"的方法来连接研究的动态过程,在实践中找出不足,从而不断修正和完善。

4. 经验总结法。通过对班级文化建设实践活动中的具体情况，进行归纳与分析，挖掘现有的经验材料，并使之上升到教育理论的高度，以便更好地指导新的教育实践活动。

四、实践过程与分析

班级文化中的潜在课程与学科课程、活动课程不同，一般不在课程计划中反映，不通过正式的教学活动进行，主要是通过感染、默化、暗示、认可、模仿等方式发挥教育作用。但也会通过一定的形态表现出来，这种形态可以是物质的，也可以是精神，还可以是物质和精神的结合。由于班级文化中的潜在课程的内容十分丰富，对它的开发和研究很难做到面面俱到，只能突出关键性要素，从其涵盖的物质、意识、制度和行为等四个层面入手，尽可能地使潜在课程的教育功能得到充分发挥。

（一）以创新激活空间，建造生态的物质环境

教室作为班级生活发生的主要场所，虽然没有多大的空间，却在学生个体的发展中有着特殊的意义。教室的有形的空间，是个体全面发展的无形的空间条件。班级生活空间的安排，要让班级的全体成员感到，这间教室是属于我们自己的。

1. 否定传统的空间安排

小班化教学在空间安排上的优势是显而易见的，摈弃了传统课堂中那种中规中矩的"秧田式"座位排列；而更多的是把眼光放在一切适合学生发展的空间上，从有利于班级成员相互之间的交流和学生与教师之间的交流出发，使学生在座位上可以得到和同伴、教师有更多面对面的交流机会。我们注意到并肩坐和对面坐最有利于个体间的交流，最有利于建立合作的关系，科学合理地编排学生座位更适合学生的学习，更适合学生的个性发展。我们还尽可能地使每一个学生在班级空间的不同地点生活和体验。每一个学生都能尝试不同的班级空间位置，就有可能与班级成员进行最广泛的交流，克服固定的居处给学生交流带来的局限，并克服由这种局限造

成差异较大的小群体文化的情况。

2. 利用班级的一切空间

班级所专有的教室空间是有限的,但是当它属于班级全体成员时,它的空间在"意义"上就会扩大到无限。如果我们期望班级的物质环境能够对学生的素质发展产生影响,那么我们就得让学生能够自己去创造性地改造环境。学生是班级的主人,班主任要充分发挥他们的想象力和创造力,激发他们用自己的智慧和双手来创设有特色的且为自己所喜爱的文化环境。让每一个成员在教室的每一寸地方表现自己,并不是说把教室的空间划分到个人使用,而是要让每一个班级成员都能表现自己的观点,表现自己的理想,表现自己的长处,表现自己的美感。中学生正处于幻想最为丰富、精力十分旺盛的时期,他们如果喜欢自己的班级,那么一定是这个班级给了他表现自己的机会;如果他们不喜欢自己的班级,那也是他们不能在这里表现自己的原因之一。班级的物质空间是有形的,也是有限的;而精神空间却是无形的,是自由的。我们要让学生在教室这个精神空间自由翱翔。

(二)以学生为主体,打造进取的班级精神

在一个良好的班级文化氛围中,总有一个积极的共同追求,这就是所谓班级文化的价值取向。"班级精神"不是别的,就是班级文化的主导价值取向。营造班级文化,精神引领是核心。强调用文化育人,寻求一种思想上的碰撞,改变学生的精神实质,再由精神上升到行动上来,这是我们在教育实践中追求的。

1. 确定班训,设计、认可班级精神

班级精神的具体体现是班训。班训把教育文化的价值追求,结合班级的具体情况和班级成员的发展需要,明确提了出来,使得班级成员有了明确的进取方向。一条好的班训具有间接而内隐的教育影响,是"潜在的教育""隐形的教育"。如何确定一条好的班训呢?

确定班训首先要从本班级的实际情况出发,遵循四个"有利于"原则:

一、有利于培养学生的学习能力。在终身学习的未来社会,没有学习能力,就无法适应社会发展。二、有利于培养学生的责任感。责任感淡薄是目前独生子女占多数的中学生的一大弱点,应该教育学生对自己的行为负责,对家人及身边的人负责,对社会负责,这样的人将来走上社会才能成为真正对社会有用的人才。三、有利于培养他们适应社会环境的能力。主观意识强烈,心理复杂而脆弱,协作沟通能力较差是目前中学生的通病。如果没有自我心理调节能力,良好的心态和豁达的胸襟,就无法在社会中生存。四、有利于培养学生的创新精神和能力。要鼓励学生求新、求异精神,培养他们科学的思维和动手能力。在这四个"有利于"的大前提下,可根据实际情况,审时度势,给班训"定位"。在确定班训时一定要充分发挥民主,切不可由班主任或几个班干部确定了事,可以召开一次主题班会,让全班同学充分酝酿、讨论基础上再确定。这样确定的班训才能得到全班同学的认可,成为共同为之奋斗的目标和追求。

2. 树立优良的班风和正确的舆论导向,形成、发展班级精神

正确的舆论和良好的班风是班集体认同的潜在规范,它既无明文规定又无外力强制,但它常常能左右班集体的方向,具有无形的同化力和约束力,对班级成员的思想、感情、态度和行为产生一种潜移默化的影响。

班风是班级文化潜在课程建设的重要方面,是班级精神文化的集中体现,也是班级成员的精神状态,主要表现为班级成员中占主导地位的群体意识、情绪状态、价值倾向和行为取向等。优良的班风表现为同学之间相互信任,关系和谐,正气上升,优秀的学生感到自豪,落后的学生奋起直追,每个成员的积极性、创造性得到赞扬和保护,主体性得到充分弘扬,班级成员情绪高昂,自信心、自尊感和成就感较强,出现一种既相互竞争又团结协作的欢乐气氛。我们要利用班风巩固和发展班集体,教育班集体的每一个成员,形成积极的班级精神。要培养起某一种良好的班风,不可能一蹴而就,单凭一般性的说服教育,提要求,发号召,是远远不够的,而是一项系统工程。

正确的集体舆论是一种巨大的教育力量,对班级每个成员都有约束、感染、熏陶、激励的作用,是班集体自我教育的重要手段,也是形成和发展积极的班级精神的途径之一。班主任要善于利用班级内健康的集体舆论来转化和引导,还要善于利用各种机会在全班对学生的行为做出定性的评价。该肯定的就肯定,并给予适当的表扬和奖励;该否定的就否定,并给予适当的批评和教育,从而在全班形成一种扶持正气,伸张正义,阻止不文明、不规范行为的集体舆论。在扶正压邪,奖善惩恶的过程中,舆论具有行政命令和规章制度所不可代替的特殊作用。

3. 开展有学生文化色彩的活动,渗透、培育班级精神

要建立一种积极向上的班级精神,就要重视表现学生文化的活动,在行动中进行。在班级活动中,每一个学生都是参与者,每一个学生都是局内人,每一个学生在以班级的成功为自己成功的前提下,使自己得到全面的发展。班级活动具有灵活性、开放性、综合性、趣味性和自主性的特点,有助于实现班级目标,形成正确的集体舆论和良好的班风,培养学生良好的意志品质和高尚的思想情操。它是增强班级凝聚力的途径,是培育班级精神的着力点。

当然,具有学生文化色彩的活动,并非只有学生自己组织的活动,他们也特别喜欢学校开展的文娱、体育活动,像运动会、拔河比赛、元旦文艺汇演、艺术节和科技节等。学生特别珍视这种活动给班级带来的荣誉,没有哪个学生存心让自己的班集体落后,存心给班集体抹黑。大家为了一个共同的目标,每项活动都精心准备,积极参与,齐心协力,奋力拼搏,充分显示了班级积极上进的精神风貌。我们要针对学生的这一特点,抓住每个活动契机,让学生在激烈的竞赛中获得乐趣,充分发挥活动引导人、陶冶人的作用,积极的班级精神又会在一次又一次的活动中得到了提升,得到了发展。

4. 利用班级媒体,形成、传播、加强班级精神

班级媒体在班级积极精神的塑造中,就是要使得班级成员互相之间能够得到交流、沟通。在交流沟通的过程中,班级成员逐步得到相互的了解,进而在班主任的指导下得到共识。班级的主导价值取向的选择要经过班级成员的"协商",应当让每一个成员都有发表意见的机会,如学生轮流编辑班级板报的方式、网络论坛的形式。一般班级精神初步形成时,并不巩固,它还需要不断加强,通过班级媒体对班级精神的宣传、讨论等,可以使班级精神得以稳固和丰富。班级媒体是指在班级传播信息的工具,如黑板报、班级日志、班级网站、班级手册等。利用班级见诸文字的媒体,能够吸引班级成员们的积极关注,迅速地在全班的范围内影响班级成员,通过讨论班级中的"重大"生活事件,班级成员间逐步取得共识。班主任不只是局外指导者,而应通过班级媒体发表自己的意见,并让学生都有机会对自己的意见发表评论。

(三)寓规范于细节中,塑造积极的文化行为方式

文化常模,就是一种文化的行为方式。最能够成为班级文化常模的行为方式,并不是任意一种能够满足班级成员需要的行为方式,而是与班级大多数人利益切实相关的、为大多数人所赞成的行为方式。

1. 提出制度性文化行为方式的要求

制度性文化行为模式,是作为一种外在的要求向学生提出的。对于班级成员的行为方式,应作制度性的规定。除了《中学生守则》《中学生日常行为规范》和学校的校规外,班级还要制订班级成员必须遵守的制度性的规范,即班规。班级制度的产生不是来自外部强加,而是源自班级内部自我生成。在制订班级管理制度时,要采用全体参与民主讨论的方式来制订班规,不能忽视了学生参与讨论的过程,经他们讨论认可的东西,学生更容易接受一些。否则,学生可能在潜意识中,认为是老师强加给他们的,自觉不自觉地会有一些排斥。班级制度明确了班级全体成员共同认可并自觉遵守的行为准则,也为学生提供了评定品格行为的内在尺度,从而使每个学生都用一定的准则规范来自觉地约束自己的言行,朝着符合班级群体利益、符合教育培养目标的方向发展。

2. 提供制度性文化行为方式的榜样

优秀学生的行为能对班级团体行为发生影响。集体初建时期，集体的目标、舆论与纪律还没有建立，班主任要选择有主见的、"敢作敢为"的、主动践行制度性行为方式的"领袖"式的人物来担任学生干部，并做出榜样示范作用。通过有意识地给那些初现能力的同学委派任务、直接观察和交谈等手段，选出临时代理委员，分别负责体育、劳动、卫生、文娱、生活、纪律和宣传等项活动。在让学生讨论、制订班级管理制度时，让学生自愿报名并自主分配和协调负责整理收集同学意见，负责整合提供的底稿和同学意见，负责制作公示栏，等等。等到一个月后，学生间、师生间已经有了一定的了解，就可以通过学生民主选举和班主任统筹安排，产生一个学生拥护的能力比较强的班干部核心。发现有班干部潜质的学生，就要创造一切机会让他展示自己，树立威信，并且通过各种方式刺激他们的工作积极性。他们如果能够以各种方式，正式的或非正式的方式，成为班级的领导者，为学生群体认定为优秀，具有成为学生群体领导者的素质，就能够发挥积极的作用。我们在树立制度性文化行为方式的榜样时，最重要的做法还是采用"班级之星"评比制，培养学生身边生活学习中的"明星"引导和激励同学争当行为规范方面的"达标学生—示范学生—明星学生"。

3. 遵循班级文化常模，逐步形成共性的行为方式

特定的文化有如一个特定的人，有着一定的思想和行动的模式，而且向着一个总体的目标。文化中的人遵循这样的模式，有意无意地朝着这样的目标，逐步强化自己的经验，最终形成有一定文化共性的行为方式。所以说班级文化常模有导向和强化作用，重在引导和激励，控制的主要任务是对学生失范行为的矫正和行为规范。一方面，制订好班级计划、班规控制性文件，并在执行前进行思想动员，使全体班级成员正确理解和接受，明确思想，提高行动的积极性，从而预防学生失范行为的发生；另一方面，营造优秀的班级文化，把先进的教育思想贯穿于整个班级文化环境，包括物质环境、心理环境、活动环境之中，把班级文化变成一种有目的、有计划、有

组织、综合有序的潜在文化课程,使学生在不知不觉、自然而然中受到熏陶、暗示和感染,从而防止学生失范行为的发生。

(四)为每个学生骄傲,营造健康的文化心理氛围

班级文化心理氛围,是个体心理健康之源。一定的班级文化与班级成员的心理发生一定的需要关系,进而班级成员的心理间也构成一定的关系,从而形成了一定的班级心理特点,即是所谓心理氛围。一个健康的班级文化在个体的交互作用中,让每个个体获得满足感,不仅使学生个体得到激励,而且班级文化也能得到更深层次的认同。

1. 认识"我""你""他",尊重个体差异

人本主义教育观认为,应当"把每一个学生都当作具有他或她自己的感情的独特的人看待,而不是作为授予某些东西的物体"。一个班级数十个学生,他们之间的差异是客观存在的,这种差异来自遗传与环境的共同作用。每一个学生都带着自己的经验背景和独特的个性、风格走进班集体,在班集体中都应得到价值的肯定。我们在集体初建时期,就举办了"夸夸我自己——大家都来认识我、你、他"的主题班会活动,让每一位学生展示了自己的个性,承认别人的优点,也使别人能够深刻地了解自己。这样每个人都能从别人那里获得积极的评价,从而"悦纳"自己。正是因为被别人接受,也才接受了自己;因为接受了自己,才能更好地接受别人。

2. 实现教育公平,人人都能得到发展

班级是学生共同拥有的舞台。对于每一个学生个体来说,其发展诉求都是平等的,他们应该拥有共同的平等的发展机会。班级要提供给每一个学生发展锻炼机会的能力,不能使一部分学生从最初的期待,走向观望,进而失望的境地,甚至彻底放弃自我塑造的愿望。他有权利根据自己的特点去发展,又正是自己的富有特点的发展,与别人来共同创造集体生活。因为学生在某些事情上表现出自己的力量和才能,能使"他的精神生活中充满着对自己力量的乐观的信心和自尊感",并能"意识到、感觉到、体会到自己的充分价值,自己在社会中的地位,自己的创造力和才能,自己在创造性劳动中的成就"。班级应为学生提供展示自我的舞台,使学生天赋、才能、价值得以表现和发展。我们认为班级内的每一个成员都有担任某一职务的义务、权利和机会,为此,我们淡化权力意识,强化服务和协调意识,取消等级制度,对班级管理事务进行分解,实行"学生干部化"民主管理体制。

3. 学会赞赏他人,也被他人赞赏

一个人在别人的评价中,感受到自己价值的人,才能很好地在这个人际环境中生活。在班级中人每个成员,学会看别人优点的态度与方法,是很重要的。为此,我们开展了"班级之星""寻找别人闪光点""我为班级增光彩"等主题班队活动。在这样的班级里,学习才能优异者,自然是大家肯定的对象,但是爱好文娱体育者,也同样可以得到积极的评价。每个人都会有一种获得价值感的要求,但是这种价值感,必须通过别人给予。只有在别人以某种方式肯定自身价值时,个人才能获得这种价值感。同伴满足了通过同伴认可他所具有的价值需要。

五、结果与反思

(一)潜在课程的主要功能

如果我们把人们由于外在的影响而导致的内部变化,看作是教育的作用,那么潜在的学习,就是无形的教育的影响。班级文化作为一种潜在课程对学生的发展,通过物态环境和精神环境,以默化的方式对学生产生深远的影响。

1. 促进学生的人格成长

潜在课程通过创设和利用班级文化中有教育意义的情境氛围,让学生在愉悦中陶冶了情操,净化了心灵,养成了高尚的道德品质和行为习惯。积极的班级精神、进取的价值取向、健康的集体舆论、优良的班风学风、群体意识、审美观念作为潜在课程的要素,对学生思想道德的形成发展有着重要的影响。健康的集体舆论对学生不良行为习惯具有强烈的约束力和惩罚力,优良的班风学风对学生有一种无形的强制性约束和规范力量,无声无息地迫使学生不断调整自己的思想和行为,以适应周围环境。

2.促进学生的学力成长

潜在课程偏重于学生情意方面的非学术性经验的获得,即健全人格的培养。学生人格的健全发展,无疑有助于认识性心理活动的发展,从而大大激励学生的学习动机和乐学情绪,提高学习效果。潜在课程对学生知识掌握虽是间接的,但其作用是巨大的。潜在课程的开发利用,有利于弥补学科课程和活动课程的不足,完善学生的知识结构,发展学生的智力。

3.促进学生的身心健康

潜在课程的开发利用有助于学生正常的生理发育和心理发展。良好的自然环境和人际社会心理环境作为潜在课程的重要因素,可以有效地提高学生的身体素质和健康水准。在学校里,他可以获得在家里所不能获得的同伴,同伴满足了他交往的需要。良好的人际关系不仅使人身心舒畅,相互关心与爱护,而且有益于身心健康发展,是保证人身心健康发展的重要条件。反之不良的人际关系,会干扰人的情绪,使人产生焦虑、不安和抑郁的心理,严重时还会使人惊恐、痛苦、憎恨或愤怒,甚至引起一些心因性疾病,影响人的身心健康发展。

(二)潜在课程实施要求班主任提高素质

作为一门潜在课程,它的主要授课人就是班主任,班主任通过自己日常的班级管理工作,对班级文化进行正面的引导和积极的培养,这就要求班主任必须不断地充实和更新自己的各方面知识、才能及时顺应时代的要求。既要有扎实的教育科学知识,社会科学基础知识和自然科学基础知识,还要有适应新世纪学校班级工作所必需的业务知识。

班主任的能力素质应该由单一型向综合型的转变,必须具备以下几个方面的能力:一是指导学生自我教育的能力,二是善于促进学生素质内化的能力,三是善于培养学生创造素质的能力,四是善于指导学生接受新事物的信息处理能力。

(三)问题和今后打算

一是由于研究时间不够充分,内容涉及广泛,班级文化中的潜在课程资源利用还不够到位,还有待进一步研究。二是由于参与研究的人数有限,研究教师的科研水平有限,所以对形成班级特色文化的建设模式还未完全成型。在新课程的背景下,我们的班级文化要更能符合学生的需要,促进学生和教师的成长,则是我们今后要研究的问题。

参考文献:

[1] 李学农.中学班级文化建设[M].南京:南京师范大学出版社,1999.

[2] 卢增粮.潜在课程:素质教育的软件工程.徐汇教育信息网,发布时间:2003-11-07.

[3] 赵敏.论班级管理的职能及其意义指向[J].教育理论与实践.2003(6):29-33.

[4] 徐继超.潜在课程·精神文化·学校竞争力[J].课程教材教法.2005(8):30-34.

[5] 林雅红.浸润在鲜活灵动的班级文化中[J].班主任之友.2005(12):9-11.

[6] 李荣.以"人本"为理念,创建和谐班级[J].班主任之友.2006(2):12-16.

[7] 黄新茂.中小学德育活动设计与优秀实例[M].杭州:杭州大学出版社,1995.

以新换心 以动促进
——班级文化建设的思考与实践

杭州北苑实验中学　潘留一

作为新入职的年轻教师，刚毕业就担任班主任一职，除了没有任何经验的忐忑与不安外，更多的是跃跃欲试的期待与希望。在班级管理方面，笔者是一个小白，第一次批评学生，小心翼翼；第一次处理学生之间的矛盾，毫无头绪。班里的学生似乎也不是"省油的灯"，总是在你意想不到的地方给你惹事。而于老教师而言，轻轻松松就把一个班级管理得服服帖帖，学生与成绩，两手都抓得"风生水起"。针对这种情况，如何建设一个和谐向上向善的班级文化，就成为当务之急。

在经过一个月的磨合之后，笔者从学生的行为表现和情绪认知出发，在结合学情的基础上，确定了班级管理的理念：不孤独，不慢默，爱阅读。笔者在接下来的班级文化建设中，采取多种形式的活动，让学生在活动中去体验，在真情实际中去感受，努力践行这个教学理念。以下是笔者班级文化建设的部分思考与尝试。

青春期的学生，思维活跃，充满活力，是个性而又独特的存在个体。因此，笔者想为学生的初中三年留下特别的回忆，尽情地展示自己的朝气与活力。基于此，笔者在第一学年设计了几个活动，让学生通过活动尽情释放自己的个性与天性。

活动背景：学生的大部分时间被学习占据，不是学习，就是在学习的路上。在校时间,每天9节课,每课40分钟。除了课间10分钟与午休时间,学生在校没有自由玩耍的时间,似乎完全失去了自我。笔者想起小时候在农村的读书时光,有自由独立玩耍的时间,每天开开心心的。为何现在的技术更加发达,学习条件更加完善,学生的表现却差异如此大。或许,他们的内心太麻木了,需要一些东西来唤醒。

吾辈生日共言欢之——每人庆生

生日是每个人的重要日子,在这一天,如果能收到大家的祝福,喜悦之情,不可言喻。在开学初,笔者让每位同学都写下自己的生日,并聘请一位生日委员和其余几位得力的小助手,负责生日的庆祝。每次到有同学生日时,生日委员告诉笔者,并组织几位助手负责画画、写祝福语、准备生日快乐歌。

比如第一次生日会是班里的王媛媛同学、陈雅洁同学(昨天生日)和彭仕杰同学(后来才知道也是今天生日)。生日委员嘱咐笔者,配合演一场戏,叫王媛媛和陈雅洁到办公室来,盼咐她们一些事宜,此时其余同学都关掉灯,找地方躲起来,等上课铃声一响,他们两位同学回到教室,全班一哄而上,给她们唱生日快乐歌,并拍照留念。这几位寿星在全班同学的"演戏"下,唱完了生日快乐歌,高兴得合不拢嘴。此时,笔者再让她们发表一下自己的感受,她们都表示很惊讶也很惊喜,很高兴能在特殊的时间里,收到全班同学的祝福。

接下来的生日庆祝加入了"许愿望"环节,每位寿星都可以在当天许一个愿望,并由笔者和全班同学来帮他实现。至此为止,班里已有15同学在学校里过生日并收到祝福,并完成自己当天的生日愿望,比如放风筝、按时放学、一杯古茗奶茶、一支笔、看电影等等。

忙趁东风放纸鸢之——每月风筝

"儿童散学归来早,忙趁东风放纸鸢。"读到这句诗时,笔者脑海里立即呈现出一幅孩童无忧无虑在和风吹拂的春日里,追逐着,打闹着放风筝的图画,多么美好,多么幸福啊!而学生每天在学校里读书,应该很久没放风筝了吧。而且现在的天气又那么好,最适合奔跑,最适合放风筝了。

心动不如行动,立马下单买了几个风筝,选一个春光明媚的午后,带学生去放风筝。学生一听到要放风筝,兴致一下子就来了,每个人都飞快地跑到操场上,"抢"到自己的风筝,利索地绑上线,迫不及待地拉着风筝就开始跑。这天天气很好,但风不是很大,因此学生全程是跑着放完风筝的。有些学生一圈一圈地不停地跑着,有些学生则是接力着跑,你跑2圈,我立马拉过风筝线,接着跑,有些则是在旁边大声为放风筝的人大声呼喊。这一刻,笔者真的觉得这就是十三四岁学生该有的样子,这就是青春,这就是少年,这就是活力啊!

欢乐的时间总是短暂的,随着铃声的响起,同学们恋恋不舍地收起风筝。回到教室,大家就七嘴八舌地说要每周放一次。从学生们的言语和表情中,足以看出学生内心的欢愉和幸福。第二天学生交上来的随笔,齐刷刷都表示昨日放风筝真是"酣畅淋漓""同学们一起在夕阳下奔跑的感觉真美好""年少青春的样子莫过于如此啊"!因此,我们约定,只要天气适宜,每月可以去放一次风筝,尽情地放松!学生发自内心的喜悦,也让笔者深受感染,觉得甚是幸福!

相比于之前的口头说教,以活动的形式增加学生的情景体验,似乎更能触动学生的心灵,从而唤起内心真正的触动。对这两次活动进行了分析、对比和反思,笔者有许多体会和收获。

第一,多活动体验,少机械说教。

活动能增加学生的动手体验和亲身体会,"以我做"带"以我感"。说教是最容易的解决方式,但是否真的"听到"脑海里,还只是听进耳朵里罢了。是否还有一种更有效的方式,不仅让学生听到了,更是听进心里了。笔者认为活动体验不失为一种好方法。在活动中,学生不仅用耳朵听,更是用眼睛看,用手操作,调动全身的感官都参与其中。苏霍姆林斯基曾指出活动在智育中起着重要的作用,儿童的智慧在他的手指尖上。因此,笔者在建设班级文化时总是强调让学生动起来,通过不同形式的活动,增加体验感。正如上文所举的放风筝,让学生到操场上自由奔跑,放肆驰骋,进一步释放他们的天性。

第二,重心灵润泽,轻强制学习。

德国哲学家雅斯贝尔斯说:"教育是一棵树摇动另一棵树,一朵云推动另一朵云,一个灵魂唤醒另一个灵魂。"因此,真正的美好教育应该是唤醒学生的心灵。例如学生犯错误时,我们不要一味批评指责,而是摸摸他的脑袋,俯下身问问是什么原因,老师可以做些什么帮助他。

笔者认为,学生的心灵被唤醒,感受到温暖,学习的内驱力自然而然会生发出来。笔者在建设班级文化时,从未要求过学生一定要考多少分,不到多少分就怎么惩罚。反之,笔者把重心放在对学生心灵的关注。例如特意设置的"每人庆生"活动,通过这种形式让学生感受到班级的温暖,集体的关爱。再如,每天坚持让学生写随笔,反思每日所学,以及向老师反馈及分享每日所得,笔者也经常在学生的随笔里写下鼓励语,师生以文字的形式来沟通交流。

第三,近个性释放,远权威压迫。

卢梭主张"教育必须顺应儿童天性发展的自然历程",要按照学生的年龄去对待他,尊重每个学生的天性。笔者在建设班级文化时,首先遵从学生的个性发展,并且通过各种方式释放学生的天性,绝不"一刀切"地对待学生。如部分学生存在学习问题,笔者从不会随意给他定下"差生"的标签,而是鼓励他朝自己的梦想发展;在集体活动中,从来不是"明星学生"的表演场地。如每周一次的放风筝活动,全班学生一起在暖阳下追逐着,学生完全释放青春活力,在操场上尽情奔跑着,享受着春风拂面的温柔,汗水挥洒的快乐。

由于是新手教师,没有任何实战经验,在建设班级文化时,笔者多是根据书籍理论和向师傅请教,在解决实际问题时,会存在一些不足以及改进地方。以下是笔者实施中的不足之处以及改进措施。

第一，多学生策划，主动参与。

学校是学生活动的舞台，学生是活动中的主角。因此，班级的活动应有学生的自主策划，增加学生活动参与的主动性与积极性。但是，笔者上述的各种活动多是教师策划，由学生去执行，这个过程少了学生的自主思考与探索，学生的主体地位体现并不充分。在接下来的班级活动中，笔者将会大放权力，让学生去自主策划活动，统筹整个活动的安排，既能锻炼学生的协调能力与合作能力，也能提高学生的自主参与性。例如上文的放风筝活动，完全可以让学生以组为单位自备材料，并动手制作风筝，笔者相信学生放自己制作而成的风筝，成就感和幸福感会更足。

第二，多家校结合，事半功倍。

苏霍姆林斯基指出："我认为极其重要的一点，就是要使'设计人'的工作不仅成为教师的事业，也要成为家长的事业。学校的教育绝对离不开家庭教育的支持。"但在这一年班级建设中，笔者鲜少让家长参与其中，多是教师与学生的单线交流与合作，在一定程度上弱化了家长在班级文化建设中起到的作用。在接下来的班级管理中，笔者将会更加注重家校合作。例如每人庆生活动，笔者可以邀请寿星的父母写一封信送给他，或者让寿星写一封信送给辛苦养育的父母；每个学期末由家委会出面，买个大蛋糕，大家一起庆生；或者在感恩节、母亲节、父亲节等特殊节日中，邀请家长一起参与活动，增加活动的多样性，同时增进亲子关系。

第三，多丰富形式，提高兴趣。

在班级文化建设中，笔者多是通过活动来提高学生的班级凝聚力，增强学生的班魂，但是就其形式而言，不够丰富多样。学生的思维活跃，对新东西的接受度高，新鲜的事物更能刺激他们的积极性，如果老是按照一成不变的活动形式，学生的参与度将会大打折扣。因此增加多种形式的活动，对于学生的参与度，班级文化的建设，极具重要。

具有杭州特色研学旅行课程开发的研究

杭州北苑实验中学　姜晓舟

内容提要：中小学生研学旅行是由教育部门和学校有计划地组织安排和指导推动，以培养学生生活技能、集体观念、创新精神和实践能力为目标的校外实践教育活动。我区近几年研学旅行发展取得一定成绩，但是也存在缺乏杭州特色、缺乏课程融入、缺乏活动保障等问题，制约了研学旅行的发展。我校尝试在实践的基础上将研学旅行课程化，从主题路线、资源内容、服务保障、评价反馈四个环节入手，开发具有杭州特色的研学旅行课程，从而解决以上问题。

关键词：杭州；研学旅行；课程开发

一、研学旅行现状的分析

2016年国家教育部、发改委、旅游局等11部门印发《关于推进中小学生研学旅行的意见》，旨在推动研学旅行健康快速发展。为推动中小学生研学旅行工作我区也积极开展了"拱墅区首批精品研学旅行路线"征集和评选活动。虽然各校都在积极探索开展研学旅行活动，但存在以下几方面问题，严重制约了研学旅行的有效开展。

1. 研学旅行缺乏杭州特色

杭州是全国乃至世界著名的旅游城市，随着2022年亚运会的到来，会有更多国内外学校将研学旅行目的地选在杭州;随着城市不断发展,会有更多"新杭州人"定居融入杭州。但是统计我区近几年各中小学研学旅行情况不难发现,各校选择的路线几乎都是西方发达国家,几乎没有国内或杭州的研学旅行路线。这不利于学生国家、民族认同感的提升;同时也限制了那些受家庭条件影响的学生参与研学旅行。

2. 研学旅行缺乏课程融入

研学旅行是学校课堂的一种延伸和拓展,它将课堂教学内容与综合实践活动有机结合起来。但是在实际操作中学校的研学旅行大多由旅行社设计、开发、组织,学校的需求不能满足,学校的理念不能体现,学校的课程不能融入。这造成"学"和"旅"之间的不平衡,要么是只游不学的集体旅行;要么是只学不游的校外课堂。

3. 研学旅行缺乏活动保障

研学旅行最核心的问题就是学生的安全问题,其他如线路的确定、交通的安排、餐饮的联系、住宿的地点等,都需要逐一落实,而学校在这方面又缺乏相关的专业人员和工作经验。因此从确定开展研学旅行和结束研学旅行的整个过程中,需要校内、校外多个部门之间进行沟通、协调与配合,这使得相关的组织协调的工作难度加大,风险更高。

二、研学旅行课程的开发

我校遵循教育性、实践性、安全性、公益性等原则,依托杭州丰厚的自然、人文、艺术、科技底蕴,结合学校"致远学子"成长课程体系,从主题路线、资源内容、服务保障、评价反馈四个环节设计开发具有杭州特色的研学旅行课程。

1. 设计研学主题,体现杭州特色

我校采取"主题驱动"模式开展研学旅行主题路线的设计,凸显杭州物质、精神文化的价值,结合丰富多样的内容与实际,融合学科性知识与实践活动,具体操作如下。

(1)确定研学主题。研学旅行主题的确定,对课程后续的目标制订、资源选择、活动实施、反馈评价等都起着至关重要的指导作用,在不违背教育性原则的前提下可以根据育人指向、学校需求、地域特色等自主选择。各个主题间要注意相互衔接,体现连贯性和系统性。

(2)选择研学场所。研学场所是学生研学活动开展的主要阵地,在结合研学主题的前提下综合考虑安全、价格、位置、课程等因素。一般选择3~4个配套成熟、特色鲜明的场所,以景点、博物馆、高校等为宜。

(3)制订研学路线。将3~4个场所有效串联成一条可行的路线,也需要精密筹划。事先应实地考察,了解各个场所的区域位置和交通情况,制定安全、经济、高效的具体行程,充分利用公共交通,避免路线拥堵或重复等情况。

除此之外,研学线路的主题化还有利于课程的进一步拓展。①根据杭州未来城市发展需要,可以开发新的研学主题,增加课程的广度,例如:地铁之旅、亚运之旅、智慧城市之旅等。②根据国内外校际交流需要,可以组合多个不同主题,增加课程的宽度,例如:"品杭州韵味,研致远之心"——人间天堂之旅。③根据学校寻访实践活动需要,可以细分某个主题,增加课程的深度,例如:"人间四月天"——西湖诗词寻访、"环保小卫士"——垃圾分类实践等。

2. 精选研学资源,融入学校课程

学校应该充分考虑学生的主体地位、兴趣爱好、活动方式,精选学习资源、编制学习方案、开展学习活动,将整个学习过程自然融入研学旅行中去。

(1)精选学习资源。学习资源精选自学校的基础课程和校本课程两方面。现行的各学科教材除了注重双基的落实外更强调学以致用的能力,所以在编制过程中都设计有大量以体验、实践、探究为主的教学内容,促进科学文化素养的提升;学校社团、德育、团队各条线每学期都会开展第二课堂、假期寻访、社会实践等育人活动,引导学生学会解决实际问题,提升参与社会生活的能力。我校前期就以备课组为单位开展大量准备工作,将各学科教材知识、各条线活动计划进行收集整理,从这些现有的学习资源中精心挑选合适的内容,稍加修改使之有效融入研学课程,避免了重复开发、资源浪费。

(2)编制学习方案。学习方案是学习课程的核心内容,是活动能够顺利开展的重要保障。需要注意以下几点:①创设学习情境,注意与研学场所的环境、研学课程资源相适应,实施情景教育和体验式学习。②制订学习目标,应结合各学科课标和核心素养要求,制订充满综合思维、解决实际问题的目标,侧重知识与技能的体验、强调过程与方法的实践、加强情感与态度的培养。③设计学习活动,要以学生为主体,适合采用参观游览、社会调查、观摩体验、实验操作、信息收集等形式,让学生能够通过亲身实践去探索那些关于社会和自然的有趣问题。

(3)开展学习活动。研学旅行活动主要在户外,场地广、人员多,给教师引导、管理造成很大困难,使学习的效果大打折扣。我校采用"任务驱动"模式开展学习活动,将主动权交给学生,激发学生创新思维,引导学生完成任务,提升学生实践能力,增强学生自信心和成就感。同时在实践中还可以将个人任务和团队任务相结合,增强学习互动性,更加高效地解决问题。教师在活动过程中观察记录学生的相关表现,适时对学生进行相应的指导和点拨。

研学旅行课程与基础课程、校本课程相互交叉,研学旅行正好打破了自然环境与书本之间的屏障,可以通过渗透学科知识内容,让学生亲身感受到书本上的科学技术、历史人文等等,以此加深对学科知识的理解。同时将各学科结合起来,使不同学科分散的知识得以重新建构,综合运用在实际的情境中,使学习充满生活体验。除此之外也给学校开展的各类假期寻访、社会实践等校外活动提供了载体和模板,将学校的各类课程和各种活动都有机结合,打造全面完整的学校课程系统。

3.统筹研学全程,保障各项服务

组织一次完整的研学旅行从前期计划制订到后期活动实施,考虑问题多、涉及部门广、时间跨度大,仅靠一所学校独立完成是不可能的,需要得到政府部门、社会组织、学生家长的全面支持。学校应起主导作用统筹整个研学过程,根据不同单位的行业优势、专业特点进行具体分工:学校负责定制研学活动方案、研学旅行线路、研学课程内容;旅行社负责提供旅行活动导游、旅行后勤保障以及旅行安全;社会机构如有条件和意向,可以参与到公益性的研学旅行中来,共同保障研学旅行的顺利开展,使学生在研学旅行中能得到较好的活动体验。

(1)协调校内资源。为确保研学旅行的顺利开展,我校采取"项目责任人制"。由学校成立"研学旅行"工作领导小组,由校长任组长,分管副校长、各部门负责人、旅行社负责人为小组成员,研学旅行活动中的各个具体项目都由专人负责。研学旅行实施过程中,领导小组认真制订审查研学实施方案,定期监督检查研学准备事项,全程跟进保障研学顺利开展,事后评价反馈指导研学改进。学校各个部门通力合作,按计划完成相应筹备工作,共同为研学旅行活动服务。

(2)统筹社会资源。研学旅行强调"学""游"结合,"学"的问题可以通过融入学校课程解决,但是"游"的问题涉及安全、经费、出行、餐饮、住宿等多个方面,并不是学校擅长的领域。我校积极与社会机构开展合作:①与具有一定规模、社会声誉较好、拥有研学旅行资质的旅行社开展合作,请他们共同参与到研学活动中来,旅行社具体负责整个研学过程中的出行安排、住宿就餐、安全保障等内容,适合多主题大型研学活动。②与博物馆、科技馆、高校等公益单位开展合作,各类公益场馆有着丰富的研学资源、交通便利、安全也有充分保障,适合单主题小型研学活动。

研学旅行以"教育"为宗旨,以"学习"为核心,旅行社可以为学校提供专业、规范、安全的相关服务,但是学校要守住合作的底线,确保研学旅行"立足于校方"。学校需要成立专门负责研学旅行的机构,协调校内各方资源,专人负责,参与到研学旅行的整个过程中。在研学旅行的实践中逐步积累经验,弥补短板,提高学校在服务保障上的能力,为后续研学旅行"走出去"奠定基础。

4.完善研学评价,促进全面发展

根据不同研学活动的目标,评价主体的确定、评价内容的组成、评价方法的选择都有所不同,所以我校完善研学评价,形成多元化的评价体系。

(1)评价主体的确定。评价主体的多元构成,可以从不同角度判断被评价者的特长、发现被评价者的问题以及提出更多合理的建议,理论上教师、学生、专业人员等都可成为评价主体,可以根据研学活动开展的形式来确定。例如:小组探究可以学生互评为主体、实践操作可以专业人员为主体。

(2)评价内容的组成。研学旅行评价的内容一般由学生课程内容的掌握、实践能力的发展、参与活动的态度三个方面组成:①课程内容的掌握,可以通过是否能运用研学旅行中获得的知识和方法来完成相应任务来展现。②实践能力的发展,可以通过是否能有效发现问题、提出问题、分析问题和解决问题来实现。③参与活动的态度,可以通过具体行为表现体现出来。例如:参与活动积极性,小组合作互动性等。

(3)评价方法的选择。研学旅行评价应采取综合评价的方式,以质性评价、形成性评价为主,关注学生在研学过程中的发展和表现;以量化评价、终结性评价为辅,反映学生的学习成果和课程效果。

研学旅行课程评价对象不仅是学生研学的情况和成效,还应该包含课程的设计、活动的实施等与课程相关的各个方面。通过全面有效地评价反馈更加科学地完善课程,并逐步将研学旅行纳入学生综合素质测评中去,从而促进学生核心素养的全面发展。

三、研学旅行实践的意义

1.通过研学旅行感受传统文化,激发学生家国情怀

目前许多青少年缺少对国家民族的认同感,对传统文化认知不足,盲目崇尚西方文化。我校通过具有杭州特色研学旅行课程的开展,带领学生

游览祖国大好河山,感受革命光荣历史,学习中华优秀传统文化,体验改革开放伟大成就,增强学生对中华文化的认知和认同,促进学生培养和践行社会主义核心价值观。

2.通过研学旅行增加学习模式,促进课程全面发展

通过研学旅行课程的开展,将这种充满生活情境和实践意义的学习方式,与学校"致远学子"成长课程体系相融合,极大地丰富了我校的课程体系,推动全面实施素质教育,创新人才培养模式。引导学生主动适应社会,促进书本知识和生活经验的深度融合,提升学生核心素养。

3.通过研学旅行加深校社联系,完善学校活动机制

通过研学旅行活动的开展,积累了丰富的活动经验,形成了良好的合作关系,完善了相关的配套机制。为今后将研学旅行活动从"迎进来、游杭州"过渡到"走出去、看世界"奠定了坚实的基础,最终促使学校研学旅行课程的不断完善。

参考文献:

[1] 教育部等11部门关于推进中小学生研学旅行的意见.教基一[2016]8号.

[2] 张加欣.我国研学旅行的发展现状及策略研究[J].课程教学研究,2019(7):88-93.

[3] 闫润晖.中小学研学旅行教育体系优化研究[D].大庆:东北石油大学,2018.

[4] 王晓辉.学校研学旅行课程设计的实践研究[J].教育参考,2019(3):57-63.

[5] 胡航舟.研学旅行课程设计研究[D].上海:华东师范大学.2019.

[6] 钟生慧.研学旅行设计:理论依据与实践策略[D].杭州:杭州师范大学.2019.

(二)个别教育

父母缺位下的"空巢儿童"现象观察及干预措施
——以典型个体学生的跟踪观察、实践为例

杭州北苑实验中学　　徐冬岚

内容提要：本文是笔者基于自己学校的生源情况提出的一个实践研究案例,关注随迁子女的家庭教育情况,其中有小部分学生虽然从形式上摆脱了"留守儿童"的现状,但又陷入了城市"空巢儿童"的尴尬,笔者对父母缺位下的"空巢儿童"进行了个体跟踪式观察和干预。

关键词：父母缺位；空巢子女；个体观察；干预

一、问题的提出

所谓"空巢",是指子女长大成人后从父母家庭中相继分离出去,只剩下老年一代人独自生活的家庭(引自百度百科)。现在一般意义上认为的空巢家庭针对的是老年群体,而本文的"空巢儿童"是指父母由于工作、婚姻等因素造成与孩子很少有相处时间,让孩子单独在出租房生活或和爷爷(奶奶)一起生活的学生。

笔者所在学校的生源65%以上是外来随迁子女,随着区域教育资源的调整,这个数据将还要上升。笔者兼任学校德育工作,是学校心育团队成员,比较关注学生的家庭教育情况,在进行生源的摸底调研中,发现学生来

自全国各地,涉及26个省、市、自治区,父母以从事司机、环卫、保洁、工厂计件等体力工作为主,同时发现有一小批非常特殊的学生:他们表面看上去是随父母一起来到了杭州生活,但在家和父母实际相处的时间几乎为零,即使有也是非常少的某些特殊的时间点,如春节共同回老家。这一小批学生虽然摆脱了农村"留守儿童"的现状,但却又陷入了城市"空巢儿童"的尴尬之中。针对这一现象,笔者和各班班主任建立了紧密的联系,关注班级中的父母长期缺位的独自在出租房生活或只与爷爷(奶奶)一起生活的学生。笔者对自己学校的这一小批"空巢儿童"的校园生活状态进行了跟踪式的观察和记录,并采取了一些干预措施。

二、"空巢儿童"的共性特点

我校很典型的"空巢儿童"有20位左右,以男生为主,初一年级居多。这些孩子缺乏自律意识、精神状态涣散、性格叛逆抵触、内心固执脆弱,极其缺乏安全感和归属感,防备心很重,话少沉默,不合群,学业成绩基本处于年级末尾,在学习习惯、行为习惯以及心理健康等方面都出现了极大的偏差。笔者曾就他们日常家庭的生活情况做过口头调查:

你一个人生活害怕吗?

你是如何解决你的早餐、晚餐和周末吃饭问题?

你一般几点起床和睡觉?玩网络游戏吗?

你会自己整理房间和做家务吗?

你的作业能自我解决吗?

会主动和父母联系、视频吗?

因为笔头问卷调查出现困难,这些孩子有非常强的排斥心理,同时在表达和书写方面存在一定的困难,且不愿真实呈现自己等,于是改为口头的询问形式。口头询问结果呈现的是:

大多数孩子习惯一个人独自生活,并且表示从小学高段就开始,没有什么可怕的,甚至说喜欢这种"自由";

对吃饭的问题解决大多数孩子表示自己不会煮,很麻烦,一般吃父母储存的牛奶、方便面、饼干等,也喜欢到出租房附近的小店吃快餐,也会自己网购喜欢的零食;

对作息时间,上学期间的起床时间比较固定,会设置闹钟,但晚上睡觉都属于熬夜型,基本都在11点之后,躺在床上玩手机,玩困了就睡,周末就是睡大半天或者一天;

对整理和做家务,这些孩子基本上都没有什么兴趣,不愿意做也不会做;

对学习作业基本靠手机百度和作业帮查询,甚至懒得做,经常不做;

和父母联系沟通方面,主动性不强,有事情才主动打电话,一般是父母主动打电话和微信视频。

从这些"空巢儿童"的日常生活中笔者发现:这些孩子对亲情比较淡漠,表现出无所谓的态度;对学业是处于完全放弃状态,没有目标;沉迷网络手机游戏和玄幻小说,对生活的其他需求不高,自我安全意识不高。

美国著名心理学家詹姆斯·多伯森,十分关注家庭教育和中小学教育,他曾说:"尊重他人的、有责任感的孩子,产生于爱和管教适当结合的家庭中。"可见"空巢儿童"的诸多负能量表现与他所处的家庭环境息息相关,他们的父母在家庭教育中长期缺位,没有给予孩子应有的陪伴,孩子的生活物质需要和精神情感需要都没有得到满足,导致孩子在初中阶段形成了不良习惯和不健全的人格,这个危害是极大的,甚至是影响孩子一生的。

"空巢儿童"的家长是属于外来务工者,结婚早,受教育程度低,缺乏对孩子的管教能力和耐性,孩子大多往往由老人带大,本身在情感上与父母就比较疏远,甚至多个家庭是离异家庭,孩子更是缺乏安全感。笔者曾经与一个"空巢儿童"的母亲有着较长期的微信聊天接触,但一学期后该家长直接将笔者拉黑。

有位"空巢儿童"小A同学,来自河南,六年级开始独自租住在半山刘文村的农民房里,父母均在义乌做小生意,一个月母亲会抽空回来看一趟,但也不能完全保证。该同学在校表现孤僻,沉湎于手机游戏,晚上几乎通宵玩游戏,经常性迟到,黑眼圈常伴,精神萎靡。笔者联系到了他的母亲,母亲刚开始也是十分配合,但多次沟通后居然帮助孩子撒谎请假,有次小A在外教的课堂上不认真好好画画,直接画了一个男子的裸体,甚至凸显男性性器官。笔者将此事与其沟通,家长态度完全敷衍,最后直接将笔者拉黑。当然笔者始终没有放弃对这个孩子的关注和观察,后又通过电话,发送孩子日常视频,不断让家长意识到陪伴对孩子的重要性,家长终于把孩子接到了自己身边一起生活,小A同学结束了长达两年的"空巢儿童"生活。

　　被称为"美国孔子"的爱默生说过,家是父亲的王国,母亲的世界,儿童的乐园。但是从以上对"空巢儿童"的观察来看,家于他们只是一个人遮风挡雨的壳,是无管制的自我放纵,几乎得不到家庭的正面管教。而家长在思想上没有引起足够的重视,在行动上没有实质性的推进,家长会几乎不参与,与班主任的主动联系是零,对孩子的要求仅仅是安全,所以"空巢儿童"空的不仅仅是个巢,空的更是一个孩子无处安放的青春期,错过了就再也弥补不回来了,甚至让一个孩子的未来落空了。

三、"空巢儿童"的干预措施

　　面对"空巢儿童"这种几乎"无法挽救"的现状,笔者作为学校心育团队成员决定去尝试对他们进行一些参与式的干预。首先从个体干预开始,笔者选择了一个离异家庭的小B同学,该生独自生活,父母皆另成家,亲子关系极其恶劣,虽法律上判给父亲,但与父亲完全不交流。该生瘦高挑儿,极度自卑,成绩班级垫底,以手机作为生活朋友,人际交往单一。笔者尝试了以下这些干预措施。

　　环境干预:"空巢儿童"最大的特征就是无父母监管,独自生活。而要其融入群体，就是要改善他的住宿环境，而学校正好是寄宿制学校，笔者就想说服他住校，纳入教师的管理范畴，减少孩子的独处时间，从而帮助其纠正一些不良习惯，比如调整好他的作息规律，减少碰触手机的时间，保证饮食的时间和营养，加深群体生活的融入，发展他的同伴交往能力等等。

兴趣干预：从教育心理学的角度来讲，兴趣是一个人倾向于认识、研究获得某种知识的心理特征，是可以推动人求知的一种内在力量。该生人高腿长，弹跳能力强，笔者和该生的体育老师进行了沟通，了解到该生具有很好的运动天赋，只是疏于练习，不爱动。运动可以塑造人格，在运动心理学上，运动能够帮助人在感觉、知觉、注意力、思维、意志力、记忆、情感交流等方面有很好的激发和辅助作用。笔者让小B同学尝试参加学校中长跑训练和排球训练，刚开始，三天打鱼两天晒网，很难坚持。一次400米的比赛他居然跑了第一，那一刻他突然发现了自己的长处，坚持的天数越来越长，训练的效果也越来越好，代表学校参加区、市男排比赛均取得佳绩，代表学校参加区运会，在中长跑和接力赛中表现抢眼。小B同学从赖在床上玩手机的"空巢儿童"慢慢转化为田径场上刻苦训练的乐观少年，脸上笑容多了，身边开始有朋友了，会主动去帮助班级做一些事情了，上课也不睡觉了，从一个"我不烦人，人不烦我"的孤独者变成了一个"心中有他人"的学生。

情感干预：父母的爱是其他任何情感都无法替代的，小B同学的周末依然是形单影只，学业成绩依然非常不乐观，虽然在运动上他获得了快乐，但情绪依然不够持续稳定。因为笔者无法与其父亲取得联系，只得寻找他母亲，在与她母亲的交流沟通中，笔者经常性地分享她儿子的一些喜讯给她，母亲从原来的漠不关心开始主动参与儿子的校园生活，家长会会来，在微信里会经常晒儿子的照片，从原先的互不关心到如今的相互在乎，这是给予"空巢儿童"最大的情感支持。当情感支持到位的情况下，

"空巢儿童"的情感需求就会得到一定的满足，能更好地度过他们的青春期。

情绪干预："空巢儿童"作为学校学生群体中最让人"哀其不幸，怒其不争"的特殊小群体，会给教学环境、教学课堂、教学活动、教学反馈等带来很多不确定因素，甚至会给他人或者他自己带来一些意外危机。"空巢儿童"对他人冷漠，不喜欢被"管"，情绪易怒易暴躁，容易失控，会产生撕书本、用头撞桌子或者门框的比较极端行为。比如小B同学有时还是会有情绪失控的时候，一次同班同学说了他以前的一个不良习惯，他觉得被人翻了旧账，情绪完全失控，把午餐盘全部摔到地上，还掀了桌子，然后气呼呼到某个角落躲了起来。

因此笔者在面对"空巢儿童"群体时，会从"美食"这个点开始，口袋里常备饼干和糖，让他们放松下来，消除他们的警惕心理。只要是他们一个小小的值得赞扬的细节，都会给予鼓励，让他们在校园找到美好的存在感，而不是进入校园和教室就是"干坐生"，改变他们的精神面貌，接纳他们的不足，慢慢培养他们的自我情绪控制能力。学习心理辅导站设有沙盘游戏课程，这批"空巢儿童"会定期以社团的形式来参与个人的沙盘游戏，心育团队教师会进行引导和疏解，教师无条件地悦纳他们的各种负面情绪，让他们感觉到被关注、被需要，在这里是充满安全感的，是可以释放一切委屈和痛苦的，慢慢地这批沉默寡言的"空巢儿童"就学会通过"沙盘游戏"进行"情绪排毒"，让他们逐渐认识自己的不足，用想象情境去激发他们的一些美好愿景，从而将负面情绪转化为他们的正面动力。

虽然"空巢儿童"在我校的绝对数量不多，但一个班级有1~2个这样的孩子，班主任的管理难度就会翻倍，不及时干预，就会产生"烂苹果效应"。但人又不同于苹果，不可以简单粗暴地直接清除，而是要坚持优先引导和干预，进行转化引导工作。笔者作为学校德育工作者，希望对"空巢儿童"的针对性关注和观察，能够给班主任提供更多的有效信息，能帮助他们采取更恰当的引导策略。对"空巢儿童"的跟踪式观察和干预，需要持续进行，否则很容易反复，尤其是面对家长几乎很难改变现状的情况下，学校需要更多的有效途径去支持和帮助这样的特殊孩子，让他们品德端正、身心健康，成为社会合格的公民，这样的教育底线是不能降低的。

参考文献：

[1] 全国体育学院教材委员会.运动心理学[M].北京:人民体育出版社.

[2] [美]詹姆斯·多伯森.论家政:施爱与管教的艺术[M].陈刚、单力,译.南京:译林出版社,1988.

缓和曲线化解矛盾,表扬钝器唤醒尊重
——一次师生矛盾的解决与思考

杭州北苑实验中学　　顾青青

如何处理好师生关系是一个老生常谈的问题,是用狂风暴雨震慑学生,还是采用其他的方式?笔者在一次次具体矛盾的化解中日益认识到矛盾缓和及巧用表扬的重要性。

一、案例背景

初为人师,面对学生上课讲话现象,笔者试以"武力"镇压,企图用怒吼声盖过吵闹声,但结果往往不甚如人意。对此,笔者曾使用过写保证书、专题教育、安静奖励机制等方法,也寻求过其他老师的帮助,但皆收效甚微。

课堂之上,师生皆为主体,缺一不可。双方良性互动,教学的天平方能平衡。学生在课堂上我行我素,不仅仅是效率低下的表现,更是不尊师重道的体现。

二、案例描述

初二一节语文课上,笔者发现坐在最后一排的语文课代表正埋头写字,可当下本应看向黑板。当笔者走下去想一探究竟时,他快速将语文书覆在了练习册之上。为了不影响上课,笔者静静地没收了他的练习册。课后,他来办公室讨要练习册,竟说自己只是把本子放在桌上而已。作为语文课代表,他不仅没有起到表率作用,做错事情反而不愿承认。这一行为彻底激怒了笔者,于是,笔者在办公室大声斥责了几句。他非但没有任何懊悔之意,反而怒气冲冲地摔门而出。

在这件事上,笔者感受到了极大的不尊重。可如果再次大动肝火,只怕适得其反。怎么办呢?如若放任不管,担心此事愈演愈烈,甚至有人模仿。经过深思熟虑,借鉴书面知识及老教师的经验,笔者采取了以下举措。

(一)隔山打牛,曲线缓和矛盾

上课的不认真直接导致男孩作业质量下降。鉴于此,一课堂伊始,笔者展示了几张优秀作业的照片,让大家猜猜是谁的?学生们喊着班内成绩优秀的同学的名字,其中便有男孩的名字。而后,答案一揭晓,众人惊呼不可思议。笔者说道:"这几位同学近期上课认真听讲,下课积极做作业,有不懂的问题及时问老师。如此回家作业的质量能不高吗?"随后,笔者又放置了几张连课内基础知识都出错的作业照片,同样请全班同学来猜猜是谁?当同学们迫不及待想知道答案时,笔者仅说:"这是你们中的一位。"并用眼神与男孩进行了"交流"。

(二)以文引思,曲线浸润道理

周末,笔者布置了一篇题为《用尊重赢得尊重》的周记。在男孩的周记中,他没有提及这次冲突,而是讲述了一个在柏林饱受歧视的波兰学生请求爱因斯坦为他写一封入学推荐信的故事。拿到推荐信后,年轻人为了记住这个慷慨帮助他的名人而提出了一个请求:"能不能给我一张有您签名的相片?""好的",爱因斯坦接着说:"但是你得答应也送我一张有你签名的照片,这样才平等。"就是这句话改变了这位青年的一生,他就是后来饮誉物理学界的科学家英费尔德。文章结尾,男孩写到:"尊重别人,是一种修养,是一种美德,而受人尊重则是一种幸福。"笔者在周记本上写下了"我非常赞同这一观点,受人尊重的前提是尊重他人"这一句话,别无多言。下一周,笔者分享了男生周记中讲述的故事。

(三)及时肯定,曲线催化动力

之后几周,笔者在课堂上定期展示优秀作业照片,让学生亲眼看见自己的改变,并特意为进步颇大的学生举行了颁奖仪式。至于男孩,有所进步,笔者专门给他妈妈发了微信消息,夸赞男生最近上课听讲愈发认真,作业质量稳步提高,希望他能再接再厉。

(四)一以贯之,曲线积淀教养

习惯、品德的养成是项长跑运动,赛场上时常有放弃与折回的孩子。为了防止前功尽弃,遇见合适的课文或是某些契机,笔者便会"旧事重提"。譬如在上九年级《论教养》一课时,笔者发起"何为教养"的讨论,让学生联系日常生活进行思考。"礼貌是一个人的表面,教养才是一个人烙在骨子里的存在"等金句在交流中迸发。

三、案例探讨

深思相似矛盾事件中所采取的不同的处理方式,笔者在变化中产生了颇多收获与感悟。

(一)热事件需冷处理

每个人都会因或大或小的因素造成情绪波动,产生情绪化心理与行为。在置气情况下,严厉斥责只会导致正面冲突的再次发生,此时需讲究技巧,技巧到位,让人感到舒服,才能产生积极的作用。法国作家拉·封丹所写的南风与北风的寓言,正是在告诉我们要从心理角度入手来消除孩子的对立情绪。因此,此事发生后,笔者有意忽略男孩的行为,冷却事件,也让学生内心的不满程度得以降低。适当的沉默有时更具教育性,亦有助于彼此冷静思考,做出更佳选择。

(二)批评外包裹糖衣

教育的右手是批评,左手是表扬。教师惯用灵活的右手,用声色俱厉进行教育,结果有时获得胜利,有时两败俱伤。狄更斯说过:"利器完不成的工作,钝器常能派上用场。"当批评变得苍白无力时,教师应重视表扬的力量,将表扬当作糖衣,包裹批评这一实质,从而减少学生的逆反心理,达成教育目标。

在本次事件处理方法中暗含了许多表扬行为,如下:

	表扬类型	具体阐述
1	表扬里的批评	笔者意在通过表扬上课认真听讲的学生来批评上课状态不尽如人意的学生。正所谓"醉翁之意不在酒",笔者给批评添了一层糖衣,表面上表扬你们,实则批评他们。这样的方式既发挥了榜样的正向引导作用,也能保留被批评学生的自尊心。
2	书面表扬	"我非常赞同这一观点,受人尊重的前提是尊重他人"是对该生认识的一种肯定。书面表扬既避免了口头表扬的尴尬,又能恰到好处地用无声的文字传递信息,催化学生心中的愧疚感。
3	口头表扬	分享男孩周记中讲述的故事则是表扬力度的再一次加深。此外,笔者还讲述西亚的诚信故事,旨在让学生懂得诚信也是彼此尊重的一大表现。笔者在矛盾缓和的前提下以故事讲述的方式替代苦口婆心的道理灌输。
4	仪式表扬	形式不好好做是形式主义,形式好好做就变成仪式。有仪式感的表扬更能起到警醒、激励作用,如颁奖仪式。
5	间接表扬	有时,从他人口中听到某人对自己的夸奖会更令人高兴。由父母这一第三方向孩子转述来自老师的夸赞会使表扬的效果加倍。

(三)遵循个别教育和集体教育相结合原则

抛开集体教育会造成学生事不关己态度这一缺点,将个别教育放入集体教育中会减少针对性,让特殊学生维持心理平衡,亦能降低班内发生同类事件的概率。表扬里批评既委婉地用直观事实指出男孩的错误行为所造成的不良影响,又起到预警作用,让其他学生在还未发生类似错误之前受到正确规则意识和价值观念的引导。著名教育家张伯苓说:"作为一个教育者,我们不仅要教会学生知识,教会学生锻炼身体,更重要的是要教会学生如何做人。"借此契机,笔者展开主题为"尊重"的集体系列教育,通过写周记、故事分享等方式加深全班学生对尊重二字的认识。作为班集体的一员，男孩对于笔者的用意自然熟稔于心，在彼此心照不宣的状态下化解了这场矛盾。

（四）遵循教育影响的一致性与连贯性原则

习惯的养成绝非一蹴而就的，正如药量不足，一旦停药，病就有可能随时复发，教育也如此，教育影响需满足一致性和连贯性原则。为了夯实教育成效，笔者实行短期教育与长期教育相结合的方式，短期内强化学生认识的加深和习惯的养成，并在几周后以作业前后变化这一直观的方式让学生懂得道理的正确性。之后，当学习、生活涉及尊重等内容，笔者利用初刻效应，发挥课文素材的教育效用，让学生回想起短期教育的内容，并在新内容如课文《理解便是教养》的基础上，引导学生反思自己近期的行为，深烙正确价值观。如此，既提升了学生的语文能力，又促进了正确价值观的形成。

四、案例反思

人际关系的正确处理会使上课纪律管理、成绩提升等事情事半功倍。从问题处理收效甚微到初有成效过程中，笔者犯了很多错误，主要如下。

（一）情绪处理未优先于道理劝诫

发生矛盾冲突时，师生双方的情绪感受会无限扩大，理性被挤至一隅。如若在气头上立刻处理矛盾，往往会适得其反，道理劝诫非但不起任何作用，反而激化双方的矛盾。此时需要给情绪一个减压阀或是一段冷静期，当情绪趋于平稳时用更加冷静客观的状态处理事情。

（二）教师态度未先严后慈

"恩宜自淡而浓，先浓后淡者人忘其惠；威宜自严而宽，先宽后严者人怨其酷。"对人施予恩惠应该从淡到浓，树立威信也要先严苛后宽容。先慈后严，与学生关系过于亲近，会缺失"威严"二字，导致学生失去师生关系的概念及界限，造成课堂纪律明显失调。从心理学角度来说，人们喜欢那些不断奖励、赞扬自己的人。因此,赞美要一点一点增加,态度也要一点一点好起来。

(三)技巧方法未综合长期执行

影响学生的关键事件主要有两类:一种是事故性的,一种是成就性的。事故性事件的解决需慎之又慎。批评是一把利器,直指问题核心,不可缺失;表扬是一把钝器,虽不是万能的,但当利器击破不了学生的盔甲时,它能渗透入学生内心深处更为柔软的地方。所以,在处理师生关系时,在对学生的优点保持高度敏感的前提下,协调好左右手的力量,综合运用批评与表扬两把武器,直捣学生内心防线。

批评和表扬都不是万能的,如何处理不同学生的不同问题,任重而道远,仍需教师们根据学生特点有针对性地采取合适方法。

一个问题学生的蜕变之路

杭州北苑实验中学　蓝　敏

教师要走进学生的内心,学生才会相信教师。这是很多教育专家的建议。然而,如何才能走进学生的内心呢?如果学生一直封闭自己,教师又该如何走进学生的内心,唤起他的热情?

笔者在带班中就遇到了这样一个学生,他封锁自己的世界,活在自己的世界里,对一切都不理不睬。他是一个冷冰冰的旁观者。

一、案例还原

他叫佐佐,第一次注意到他,是因为交作业时他什么都没有交,我叫他来办公室找我,他说他不知道我的办公室在哪里。我告诉他我的办公室,后来他还是没有来找我,我再问他原因,他说他忘记我的办公室在哪里了。这是第一次的正面交流。

下课的时候我找其他同学谈天,他会凑过来看看,很关注的样子,但是你要问他什么,他立刻就躲开了,不看你,也不理你的问题。周末布置周记,他写得没头没尾,随便写几行字,我们去哪里玩了,我家里有几个人,等等。

他上课总是趴着,不看黑板不看老师。

他好像活在自己的世界里,和外界没有任何关系。

课堂上,有一次他把我们都吓了一跳,他上课跟同学讲话,我点了他的名字,提醒他上课要保持安静,他突然站起来,"啪啪啪"很响亮地给自己扇了好几个耳光。我吓坏了,同学们也吓坏了。下课后,我找他,问他为什么要打自己耳光,老师只是提醒你不要说话,安静下来就可以了。他说"我就是该打!"

有一个学生特意跑过来告诉我:"老师,他就是这样的,很多课上他都打自己耳光,他喜欢自己打自己。"我很震惊,为什么他要打自己呢?同学说不知道,他小学就这样了。

我后来特意找他,告诉他不要再打自己,意识到自己错了,改正就好了,每个孩子都会犯错误的,犯错误意识到了,改正了就是好孩子。"老师看到你打自己,老师都好心疼。"他低着头,不说话,也不回应。

又到一个周末,学生们和新同学已经相处了三周,我觉得他们应该写写自己的班级了。于是,周末我让他们写《我的班级》,批到他的周记本,我吓了一跳,他写的是:

"我的班级很好,除了我,我觉得我是一粒老鼠屎,所以一大锅粥就毁了。然后就是991。"

简短的三行字,没有了下文。我给他的批语是:请详写你的认识感受,其实你有很多优点。他不理我,依然我行我素。下课了就校园里到处跑跑,到处看看,老师叫他几乎是听不见的。

我后来问了他小学时的同班同学,同学说他从小学开始就不读书,老师也不理他,他从来不交语文作业,不考试,或者考试就一个字不写,后来考试的时候老师连试卷也不发给他了,老师还叫其他同学都不要跟他玩。

这是怎样的小学生涯呀?老师的本意绝对不会是这样的。于是,我打电话找了他妈妈,希望她能抽出时间来学校一趟。他妈妈终于来了,一来就跟我说,她管这个孩子有多累,每天都要写作业,现在语文作业也做了,已经很好了,小学他不写语文作业的。我从他妈妈那里了解到,一年级时的语文老师他很喜欢,二年级时换了一个语文老师,他怎么也接受不了新的老师,沟通没有及时,可能也有一些矛盾,他从二年级开始就排斥语文,不听课不写作业,后来发展到不理老师不参加考试,然后被孤立的情况。

小学时他就是这样,我行我素,有他没他都一样。上课睡觉,考试睡觉,交白卷,他就这样过度了小学。

我试图找他,和他聊聊,但他每次都不理我,或者两眼望着窗外,或者低头看自己的脚,我说什么他都不理睬。于是,一个周末,我布置了一篇周记《这就是我》,全班同学都写,我想他多少也会写一点吧,这样我可以慢慢了解他。他写了,交上来,令我震惊,全文如下:

我是个垃圾,是最丑最脏最恶心的垃圾。我是个垃圾,垃圾就是别人不要的东西就是垃圾。很多垃圾在一起就是垃圾堆,世界上有专门放垃圾的地方就是垃圾场。

垃圾垃圾我就是个垃圾。

二、案例分析

这是一个从小被孤立被排挤的学生,甚至被当成垃圾的学生,因为被当成垃圾,最后他以垃圾定位自己,不再相信老师,也不相信同学,他封锁了自己的世界。

但毕竟是孩子,他还是渴望得到一些温暖和关注,所以老师在找同学聊天时,他会凑过来,他内心隐隐希望老师关注,但是又不信任老师。

对于这样的孩子,需要老师有足够的耐心和热情,不论他反应多么冷淡,一直对他表示关心,才可能慢慢打开他的内心。

笔者以为,教师走进学生内心的重要途径就是要让学生知道:老师是关心他的,老师没有放弃他。

这个孩子之所以封闭自己,原因主要有以下三点。

1.被老师孤立被同学排挤。

2.自我价值感极低。

3.破罐子破摔的心理。

找到原因以后,笔者主要让他感受到老师平等对待每一位同学,不带有色眼镜,把他也当成正常学习的同学。

他得到了基本的尊重,正是他感到的这一点尊重,他开始配合老师了。

在与他交往的过程中,笔者一直把他当成普通正常的同学对待,他得到了一定的关注,满足了内心的需求。

当然,他的转变还需要很长时间,他现在只是很小的接受,还有很长的路要走。

三、解决方案

这样的孩子需要老师更多关注,也需要更多信任,但是他的自我价值感极低,就需要唤醒他的价值感。笔者一直寻找机会当面给他提升价值感,但这样会让他觉得老师是故意为之,效果不好。

对于这样敏感自闭的孩子,他需要得到的是公开公平的对待。除了对他保持关注外,笔者一直寻找适合的公开场合给他提高价值感。

场景回放:

一次课上,终于爆发了巨大的冲突。他拿着笔使劲敲桌子,我告诉他上课要保持安静不要发出声音,他不听。我叫他把笔放下,他就是不放。我很生气,我说你违反了课堂纪律了,要接受处罚,请你站起来。

他懒洋洋地站起来了。我继续讲课,他站着,一会儿又继续拿着笔敲击桌子。一番言辞教育无果后,我说:你再发出声音,再故意捣乱,手就要捆起来了。他似乎意识到了,不再弄出声响,这节课就平安地过去了。我暗暗高兴,看来他还是有点变化了。

有一天中午,午休铃声已经响了,同学们都回到了座位上,班主任不在,于是我帮忙管理班级,叫他也回到座位上。他竟然愣愣地站在教室后门,用挑衅的眼神看着我,身体不动,纹丝不动。

不听话就要强制执行,世界上为什么会有监狱,那是要强制管理违法犯罪的人，自由的前提一定是遵守规则，有规则才有自由，而破坏规则的人就没有自由。

我说了很多，既是对他说，也是教育全班同学。他还是站着不动，最后我让几个男班委把他架到了自己的座位上。我说："不要自己看轻自己，把自己当成垃圾了就可以什么规则都不遵守，没有人是垃圾，在老师眼里，你们都是可爱的孩子，犯了错误也依然是可爱的孩子，老师允许你们犯错，犯错了就要改正。在学校首先要学会做人，做一个正直善良的人，遵守规则的人。"

在我训话的时候，全班都安静地听着，他两眼倔强地望着窗外，忽然哭了起来，大声说："我就是垃圾。"

"你不是垃圾！"我也大声回应，"你不是垃圾，没有人把你当垃圾，你就是你自己，是一个可以学习好的学生，一个字写得很漂亮的学生。老师和同学都看到你的优点，你不应该这样看轻自己，你记住，没有人是垃圾……"

他呜呜地哭着，哭了很久。我让他尽情地发泄，全班同学也都安安静静的，不作声。

这次公开的批评，他看到老师公平对待每一个同学，而且老师当着全班同学的面强调他的优点，他多年的委屈变成了泪水流淌下来。

有些孩子，他就是需要这样的震慑和震撼，震醒他，让他看到自己的价值。这次批评过后，他对老师的态度明显有了转变，老师说什么都及时回应了。但是还不够，他还需要老师特别的关注，让他感到真正安心和踏实，让他真正认识到老师善待每一个人，甚至老师更偏爱他，因为，他缺爱太久了。

转变契机：

一个月后，教师和学生结对，学校要求党员教师特别关注某个学生，促进他的成长。我选了他，我告诉他我喜欢他漂亮的字，写得比老师的字都好看。我和他约法三章，要认真听课，认真学习，并让他写了下来。

他第一次表现出了认真，谈好后我让他回教室，同学们已经去音乐教室上课了,班级了没有一个人。我担心他找不到音乐教室,去教室看了一眼,他说他知道音乐教室就跑开了,我看到黑板上写着几个字:

我是个人!

我的希望!

是他的笔迹,我欣喜若狂。几个月的付出看到了希望。他终于承认自己是一个人了。只要他不再以垃圾自居,那他就会慢慢向好的方向发展。我们的交流有了一个好的结果。我在期待着他的点滴进步。只要他能正视自己,我似乎看到了希望。

这就是这个问题学生的转变过程,很艰难很漫长,但最后,他真的变得越来越好。到了初三,所有的老师都说他变得越来越好了,也更加上进了,更加热心了:作业都完成了,还负责班级每日名言的书写,和同学一起做班级黑板报……他在这个集体里找到了自己的价值。

四、案例反思

这个学生转变的成功,虽然过程艰难,但最后见到了成效。笔者仔细分析,认为以下几点很重要。

第一,保持教育的热情和耐心。有些学生把自己封闭起来,不愿意和外界发生联系,是因为他受过挫折或者伤害。让他坚信教师是真正关心他的重要方法,持续关心他,让他感受到温暖。虽然表面上他不回应,但心里是在意的。

第二,教师一碗水端平,平等对待每一个学生。教师公平与否,学生特别在意,不单单是表扬方面,批评方面也要一视同仁。每个学生都在乎教师的公平性。

第三,不给孩子贴标签。不论孩子做出怎样的举动,教师都不能恶意评判孩子,给他贴上标签。这点对学生的伤害很大。据相关调查统计显示,被贴上坏标签的孩子,他会朝着那个坏标签发展。案例中,这个孩子被贴上"垃圾"的标签,他就一直以垃圾自居,没有任何价值感。那么,教师首要做的,就是要帮助他撕掉"垃圾"的标签,当教师在全班同学面前强调他不是垃圾后,他哭了。正是这一次的批评,让他尽情宣泄,让他走出了"垃圾"标签的窘境,开始以一个正常学生的身份看待自己。

当然,学生是活生生的人,在教育学生过程中,我们会面临各种各样的问题。但是,永远怀着一颗诚挚的心,默默耕耘,付出终将被看见。

(三) 育人策略

探析初中学优生挫折教育的有效策略

杭州北苑实验中学　　赵永文

内容提要：中国传统教育模式导致当代社会普遍关注学生的教育成才，加上生活上的纵容和过多关注，使一些学生性格软弱，经不起挫折打击。尤其是初中阶段的学生，身体心理等方面还不成熟，学优生由于学习上的优势使其产生优越感，一旦遇到挫折更是不堪一击，所以对初中学优生进行挫折教育可行且必要。文章主要从挫折教育的重要意义、实施策略及实施过程中注意事项三方面进行阐述。

关键词：初中生；学优生；挫折教育；有效策略

近年来，学优生因承受不住一点打击伤害自己、伤害亲人的新闻屡见报端，因而关注此类的"挫折教育"也越来越频繁出现在我们的视野中。初中阶段学生的知识储备和学前教育有极大关联，学生知识掌握并不稳定，年龄相差几个月，学习能力差别很大。如果给学优生提供"精神贵族"土壤，让他们产生"光环效应"，对他们今后的学习生活十分不利。所以在初中阶段对学优生进行适量的"挫折教育"，让他们在困难和挫折面前从容不迫，不产生紧张状态和消极的情绪反应，有助于他们今后更好地学习、生活。我们教师应该在为学优生插上"赏识教育"这一只翅膀的同时，也为他们插上爱的另一只翅膀——"挫折教育"。

一、对学优生实施科学挫折教育的原因分析及价值诉求

(一)对学优生实施科学挫折教育的原因分析

学优生往往成绩优秀,受到老师和家长的百般呵护,在他们周围充满了掌声。诚然,他们活泼聪明,善于思考,求知欲旺,表现欲强,优点颇多。但他们一旦遇到挫折,往往失落得最快,压抑得最深,承受力最弱。再加上初中阶段的学优生身体心理等方面还不成熟,学习上的优势使其产生优越感,但一旦遇到生活上挫折,他们就不堪一击。于是,他们消极情绪和后天的缺陷就表现出来了:爱听表扬,经不起批评,抗挫折能力差;缺乏自理能力,对家长和老师过分依赖;以自我为中心,很少考虑他人;认为成绩是个人努力的结果,看不到他人作用,对学校、老师、同学感情冷淡;只顾自己学习成绩好,看不起学习差的同学,对超过自己的同学嫉妒挖苦。究其原因,主要是许多学优生在成长过程中都没有或很少尝过批评的滋味,体验过失败,这不利于磨炼学优生的心理耐挫能力。因此,在教育实践中要对学优生进行适当的挫折教育,注意客观公正地评价他们。

(二)对学优生实施科学挫折教育的价值诉求

1. 挫折教育能培养学生独立健全人格

素质教育不仅仅局限在知识方面,更要通过知识渗透到人格。而挫折教育是养成健全人格不可缺少的部分。通过让学生进行挫折方面的教育,使学生心理健全起来,用一颗善良的心、开朗的心去面对社会、面对各种各样的人。其实对于学生而言,需要我们给予他们更多的时间与空间,让学生自己独立完成一件事情而不是给予过多的干预与帮助,让学生学会面对这些生活的挫折,才能不事事依赖他人,养成健全的身心。

2. 挫折教育能提高学生解决问题的能力

实践证明,科学实施挫折教育,可以提高学生的耐挫折能力,培养学生的独立性、自信心、同情心和意志力,使学生拥有一颗自信而坚强的心,遇

到艰难险阻都不畏惧。只有经历风雨才可以看到美丽的彩虹,如果学生只依偎在父母的保护伞下,当父母不在身边就无法正常生活,何其可悲!风雨无阻的人,永远积极应对,享受生活带来的所有。所以说,挫折教育可行且必要!

二、对学优生进行科学挫折教育的有效策略

对学优生进行科学挫折教育可以从以下三个方面实施。

(一)心理疏导加课堂植入,帮助学生做好承受并战胜挫折的心理准备教育

作为班主任,应充分利用教材中的挫折教育资源,对学生进行心理疏导,并进行课堂植入,让学生做好承受并战胜挫折的心理准备教育。

1. 挫折不可避免

在挫折教育之初,让学生明白:人的一生不可能永远处于顺境之中,挫折是不可避免的。挫折和成功是一对孪生兄弟,与人类社会共始终。"一帆风顺""万事如意"只是人们的理想状态,在过去不可能存在,在现在和将来也不可能实现。

2. 挫折成就人生

让学生明白,挫折如果利用得好,还能成就人生。挫折虽然给人们带来心灵的煎熬与痛苦,但挫折并不是不可战胜的,我们可以将挫折转化和利用,如果处理得好,还往往能成为人们走进新天地,创造新生活的起点。我们的生活中,难免也会遇到挫折,如果都能不失去生活的勇气,积极面对挫折,那么我们也能收获成功的喜悦。

3. 接受理想与现实的差距

让学优生正确认识自身情况与家长、老师对他们成长期望中的一些差距。学优生尽管在同龄学生中,表现较优秀,但是毕竟还只是初中阶段的学生,他们的成长过程中总会出现一些与家长、老师的期望有差距的地方。所以要给学优生打好"预防针",遇到此类问题要积极听取家长、教师的意见,不断完善自己。同、时也要让家长、教师转变期望过高的错误观念。

(二)加强情景模拟和实地体验,做好克服挫折的信念教育

1.充分发挥舆论作用

充分发挥舆论导向的作用,利用板报、墙报、广播的形式渗透抗挫折教育。重视环境氛围的教育作用,努力营造抗挫折教育的内部和外部环境氛围。如在橱窗里设立抗挫折教育专栏,展示学生战胜困难的事迹图片;在班级墙壁上挂上名人战胜挫折的警句等,使学生在良好的环境氛围中接受教育。

2.大力发挥家校合力

与家庭取得联系,以团队组织为依托,开展可操作的实践活动。

近年来,学校一些班级相继开展了"今天我做主""每月学会一件事""我是父母的好帮手""怎样解决生活难题"等实践操作活动。家庭是学生生活、学习的一个大舞台,一个人的学习成长仅仅靠学校是不够的,因此,学校要与家庭要相互联系配合。学生的自信大多是从父母身上学来的,家长的榜样作用十分关键。在家庭开设活动课程更能提高生存能力、自理能力,做好迎接逆境,向挫折挑战的各种准备。

3.组织各种耐挫活动

可以多组织一些有利于培养学生耐挫折能力活动。

在报纸上,有这么一个案例:某家委会组织了一次亲子活动,去滑雪。在活动之初,给每位家长发了一份倡议书,让家长明白此行的目的不仅仅是娱乐,更重要的是培养学生耐挫折的能力,并提醒家长在学生面对挫折时,多予以鼓励和方法的指导。在滑雪场,班主任老师看到那些学优生,在"滑雪"这一项目中,和其他学生站在了同一起跑线,看到有些成绩不如他的学生一个个都开始独立滑行了,可自己却依旧迈不开步子时,有些气急败坏,有些在摔倒之后就一屁股坐在了地上,垂头丧气。有些家长便耐心鼓励,并教给滑雪技巧,渐渐地,两个钟头下来,来的每一个学生都能在滑

雪场上自由翱翔了。在课堂教学中,学生难免会遇到各种各样的问题,这时候科学的实施挫折教育是很必要的。

4. 发挥教师引导作用

教师对待学优生,不能给予特别的关照,越是这样,就越会导致学优生的自我膨胀,从而耐挫能力越差。但也要注意用词,在批评学优生时,仍要让他感受到老师的关注和期望,由此让他产生进步和向上的动力。

学生小H,学习成绩不差,文艺天分高,颇受老师、同学的赏识,可以算是班级的学优生。但正由于是独生子女,父母都很宠爱,养成了她"说不得"的坏习惯。一旦受点委屈,便咧开嘴巴哇哇大哭。发现她这样的情况后,班主任老师便开始慢慢关注她,时不时找她谈谈话,给她灌输承受挫折的心理教育。并和她约定,如果能乐于接受别人的批评并及时改正,并可以得到相应的笑脸奖励,纳入班级积分计划。一年下来,慢慢懂事的她很少会在人前大声哭闹了,也能接受别人对她的批评并及时改正了。最近她去参加比赛没有拿到名次,她却反过来安慰我说:"我不灰心,下次我一定会拿奖状来送给老师的!"

(三)教授方法进行挑战挫折的实力教育

事实告诉人们,无论是国家还是个人,只有具备了雄厚的实力,才能"胸中自有雄兵百万",当挫折出现时,"兵来将挡,水来土掩"。一位美国心理卫生学家曾经说过:"十分幸福童年的人,往往有不幸的成年。"对这些处于童年的学优生来说,进行适量的挫折教育是势在必行。但是单单给他挫折,而不教给战胜挫折的方法,其结果大多数是使他们丧失自信,从而达到反效果。在进行挫折教育之前教给他们战胜挫折的方法是何等重要。

1. 学会冷静对待

在挫折面前唉声叹气不会改变现实,只会削弱厄运抗争的意志,使我们在无可奈何中消极地接受现实,因此,我们必须要学会冷静地对待挫折。具体来说,就是要认真地去分析产生挫折的原因,看看是哪个环节上出现了问题。

2. 进行自我疏导

通过自己冷静分析,可以在失败中看出战胜挫折的可能和方法,对未来充满信心,有勇气去战胜挫折。

3. 积极寻求帮助

遇到挫折时请求帮助是找到走出困境、跨出成功大门的途径,因而也是克服消极情绪的有效办法。

4. 不断积累经验

在受到挫折后,能冷静地分析受挫的原因,总结经验教训,修订目标,改进方法,善于"吃一堑,长一智",这是摆脱挫折、战胜挫折、变失败为成功避免重蹈覆辙所不可缺少的。

三、深度反思,角色反转,挫折教育要以爱护航,时刻把握价值取向

在对学优生的挫折教育中,我们往往也会走入误区,下面谈谈在进行挫折教育时需要注意的几个方面。

(一)挫折教育不等于"整人"

首先,要将教育当作一种教育,与"整人"分开。教育以培养人才为己任,应本着对学生、对社会负责的态度对学生施加教育,目的就是让他们经过教育能更好地提高自己、发展自己。挫折教育作为一种教育理论也应基于如上的认识,就是将教育当作一种教育,不能把对家长、对学生的个人意见,作为挫折教育来实施。这样就背离教育的初衷,也会贬损教师的个人形象。所以挫折教育必须要适量适度,否则引起学生的挫败感,让学生不再敢去尝试新事物,从而失去了去探索新事物的信心,就得不偿失了。

在教学活动中,挫折教育不仅是让学生吃点苦头,更重要的是为了要让学生体会到苦尽甘来的感觉,告诉学生困难不过是只"纸老虎"让学生树立信心。我们可以布置一个比学生平时水平略高一点的学习任务,还可以恰当的布置一些"障碍"让学生知道不思考是不能解决问题的,"站着够不着""跳一跳""想一想"才能完成任务。在这过程中教师一定要注意,确保

学生能产生战胜挫折的成就感。

（二）挫折教育要关注"补救"

其次，要注意挫折中的补救问题。没有一个人期望人生饱经挫折，而实施"挫折教育"的目的也恰恰是让学生少受挫折。作为初中生，尤其是学优生，他们心理的承受能力极为有限，如果在他们孤立无援时仍硬着心肠继续推广，结果也许会是相反的，也就是要注意挫折中的补救问题。在学生遇到困难退缩时，家长或老师也要给予鼓励，及时疏导陷入严重挫折情景的学生；而当学生做出努力并取得一些成绩时，也要及时地给予肯定。

有一个学习成绩优异的学生，在一次考试中意外失利，本来班主任老师想训斥他的粗心，他的不应该，可在知道分数后的那天下午，他一个人孤独地站在校内的树下，看上去很沮丧。老师将他叫到办公室后，他哭了，他说父亲很严厉，这次回去肯定要挨骂了。老师帮他擦去泪后，告诉他，不能因一次的失败而自卑，并提笔给他父亲写了一封"保护信"，让他在最艰难的时候有所依赖。意想不到的是，第二天，他带着一张写满错题分析的练习纸来答谢老师给予的帮助。此后的他，在学习上越发勤奋。

（三）挫折教育更要尊重学生

最后，要尊重学生的人格，保护他们的自尊心。每个人都有自尊心，都有自己的人格尊严。优秀学生对这一点就看得更重要，故而这种挫折尽量在小范围内进行，不可在大庭广众之下讽刺、挖苦、打击，这样会使他们丧失自信心，也会产生一种逆反心理，反而不利于教育工作的展开。当然，施行恰当、合适的挫折教育绝非朝夕之功，这就要求每一个教育工作者不仅要在理论上作研究，而且更应在实践中探索！

四、结束语

经得起挫折是学生良好性格品质的重要组成部分，是适应未来社会竞争的需要。爱不仅是阳光、雨露，有时也是暴风雨。仅仅接受阳光雨露而缺少暴风雨洗礼的学生，只能是温室里的小花，放到大自然中，很难长大。

因此，我们教师应在给予学优生赞赏的同时，进行适当的挫折教育，让爱插上另一只飞翔的翅膀！

参考文献：

[1] 贺晓红.初中生挫折教育浅析[J].河北教育,2002(2).

[2] 刘华山.学校心理学辅导[M].安徽:安徽人民出版社,2001(2).

[3] 张锐,高琪.挫折教育的误区[J].当代教育科学,2003(14):1.

[4] 贾相忠,华明艳.初中生心理挫折教育研究[J],初中教育科研论坛,2002.

一心三"补",以心"唤"心
——基于马斯洛需求层次原理培养问题婚姻家庭学生健康人格的策略研究

杭州北苑实验中学　张玉兰

摘要:近年来,因父母婚姻问题导致孩子行为出现偏差的现象日益突出。笔者基于马斯洛需求层次原理,通过对本校行为偏差生的个案行动研究,分析问题婚姻对孩子健康人格养成产生的负面影响,对行为偏差生普遍缺失的爱的需要、尊重的需要和自我实现的需要进行补偿,探索相应的干预策略,帮助其培养积极的情绪和健康的人格。

关键词:问题婚姻家庭;行为偏差生;马斯洛需求层次原理;策略研究

行为偏差生的教育管理一直是学校德育工作的重点,也是班主任工作的难点。在教育管理过程中,笔者发现学生的行为偏差大多源于其背后的家庭。正如台湾师范大学心理学教授张春兴所说:"如将青少年问题视为一种病态现象,其病因根植于家庭,病象显现于学校,病情恶化于社会。"(张春兴　1996)

笔者通过对本校行为偏差生的调查,以家访、班主任座谈和师生个别交流等方式,探寻行为偏差生的问题根源,发现父母的问题婚姻是孩子行为出现偏差的一大诱因。在分析这类学生的心理共性和个性之后,结合个案研究和干预,笔者尝试从马斯洛关于人类需要原理出发,重点从归属与爱的需要、尊重的需要和自我实现的需要三个方面,对行为偏差生未获得满足的需要进行补偿,探索问题婚姻家庭学生健康人格的培养策略。

一、概念的界定

1. 问题婚姻家庭:本研究所涉及的问题婚姻家庭是指夫妻关系紧张的家庭,夫妻关系呈现为热对抗(激烈争吵或打架)、冷对抗(长期冷战)、离异或者离异重组等。

2. 行为偏差生:本研究的行为偏差生主要是指在校内外不良行为突出的学生,不良行为包括攻击、顶撞、撒谎、偷窃、沉迷网络、逃学、离家出走等。

二、行为偏差生的案例分析——问题婚姻家庭孩子的心理共性

在调查中发现,父母关系和谐的家庭中的孩子自尊、自信方面的心理表现更为突出,更容易对周围人产生信任。而问题婚姻家庭中不良的父母关系、糟糕的教育环境和不当的教育方式等都会对孩子良好人格的养成产生极大的消极影响。父母冲突使得儿童对父母关系和亲子关系感到不安,这两种不安全感影响了儿童的内隐和外显行为,如内在的自卑、抑郁、焦虑和外显的自我放纵、敌对与攻击等。(Harold 2004)结合个案,笔者重点分析四类问题婚姻家庭中学生存在的心理问题和性格特点。

1. 内向、自卑、不善言辞

长期处于问题婚姻中的孩子大都会产生一定的自卑心理,他们封闭自己的内心,刻意拉开与同学间的距离,但心底却依然渴望获得他人的接纳,因此更容易陷入与社会不良青年的交往之中。

小磊成绩不理想,学习上极度自卑,父母的长期冷战使他更加内向和沉默。他也渴望受到别人的关注和尊重,却错误地选择用"打抱不平"来获取自尊和满足。

2. 偏执、敏感、防御心强

在热对抗的家庭中,父母的唇枪舌剑以及"战争"的持续与升级让孩子长时间处于没有安全感的状态中。平时的忽视和出现问题时的粗暴管制极易使孩子产生恐惧、烦躁甚至是敌对的情绪。表现在家里对父母管教的反抗,在学校则容易因一些小事与同学发生争执、产生攻击行为,喜欢顶撞老师,对老师的教育存在抵触心理。

小何同学就是这种性格和心理的典型。他敏感、多疑,不信任他人,遇事只会用暴力解决。抽烟喝酒、打架斗殴、撒谎偷窃则是家常便饭。

3. 矛盾、焦虑、反复多变

离异或离异重组对孩子心理影响巨大。如果父母未能及时加强与孩子在思想和生活上的交流,很容易让孩子产生被遗弃的感觉。单亲家庭更容易出现家长粗暴管制或溺爱纵容的极端教育方式。特别是在孩子懂事后的离异,更容易造成孩子焦虑、反复的性格,一方面提醒自己应该要懂事,理解父母,另一方面又难以控制自己的失落情绪,从而影响了学习和生活。

小雨同学表面看起来开朗阳光、有礼貌、乐于助人。平时犯错,认错态度好,又总是明知故犯。他表面活泼,内心痛苦,父母离异,母亲改嫁,父亲逃债,他只能每日沉迷游戏以逃避现实。

小松父母离婚重组,从贵州到杭州,休学到复读,复杂的经历使他比同学更为成熟和圆滑,他理解父亲的辛苦却又怨恨父亲对母亲的冷漠。他有时乖巧懂事,有时偏执暴躁。

三、基于马斯洛需求层次原理"弥补缺失":探索培养行为偏差生健康人格的策略

马斯洛需求层次理论告诉我们,人有生理的需要、安全的需要、归属与爱的需要、尊重的需要和自我实现的需要。通过对问题婚姻家庭孩子内隐和外显行为的分析,基于马斯洛需求层次原理的思考,笔者发现问题婚姻家庭中的孩子除了基本的生理需要得到满足之外,在安全的需要、归属与

爱的需要、尊重的需要和自我实现的需要方面都有所欠缺。

有缺失就需要补偿，虽然这些学生选择了错误的补偿方式，但他们的需求是合理的，教师和家长应正视孩子的需求，帮助孩子从正常途径获取满足，助其养成健康的人格。结合实际，笔者主要从学校教育出发，一心三"补"，尝试从归属和爱、尊重和自我实现层面的需求探索相应的补偿策略。

（一）归属和爱的需要的补偿

马斯洛认为，任何人都渴望在团体和家庭中拥有自己的位置，渴望归属感，渴望爱与被爱的感觉。（马斯洛，2007）温暖的集体能够使行为偏差生拥有归属感，而老师、同学的爱能帮助他们面对挫折，战胜困难。因此笔者的首要工作是创造条件让这些孩子感受到来自父母、同学和老师的爱，只有感知到爱，学会感恩，才会去爱别人。

1. 加强亲子沟通，改善亲子关系

家庭问题导致孩子行为出现偏差的最大原因是亲子关系出现了问题，良好的亲子关系有助于弥补父母冲突带来的不良影响。要想改善亲子关系，只有加强父母与孩子之间的相互了解与沟通。

①通过微信、电话、家访、面谈等形式，加强与家长的正向沟通。及时反馈孩子在校的一些进步表现，减少对孩子小错误的汇报，帮助家长树立对孩子的信心，及时肯定家长在教育孩子方面所做的努力。

②通过与任课老师合作，利用学科特点帮助孩子学会感恩。如语文老师利用诵读龙应台的《目送》和史铁生的《我与地坛》等文章让学生感知亲情。社会老师组织关于父亲节、母亲节亲情卡的制作，《××我想对你说》等亲子沟通书信活动。英语老师结合课堂话题调查，了解父母的年龄、生日、喜好等，加强孩子与父母的沟通。

③开展主题班会，在活动中渗透亲子教育。邀请家长参加一些亲子主题活动，教育无痕，在无声的活动中进行有效的亲子教育。

2. 加强师生之爱，培养同学友谊

教育中的皮格马利翁效应告诉我们，学校和教师对学生的爱有着神奇的作用。这种爱能够帮助弥补孩子家庭缺失的爱,还有利于孩子与其他同学培养友谊,促使孩子按照教师的期望塑造自己的行为。(乔塞尔森,2011)

①努力营造团结友爱、互帮互助、积极向上的班集体。广泛建立学习互助小组,帮助学习困难的行为偏差生感受到同学的关爱和友谊。

②加强师生交流,了解学生的兴趣爱好,关心其生活学习。虽然有些孩子一开始会对老师的关心表示出冷漠或敌意,但只要老师能持续努力,这些孩子的心门终会打开。小磊对于笔者的真正信任始于初一下。他曾经因为收"保护费"被带进派出所,这让他有些后怕。晚上他主动请求我陪伴他,那时的他不再是一个拒人于千里之外的冷酷男生,而仅仅是一个受等待安抚的孩子。

(二)尊重需要的补偿

尊重需要包括外界对自我的尊重和自我尊重。苏霍姆林斯基说过,自尊心是青年心理最敏感的角落,是学生前进的动力,是向上的能源,是高尚纯洁的心理品质。(苏霍姆林斯基,1984)行为偏差生也有自己独立的人格和强烈的自尊心,渴望得到他人的尊重与赏识,注重教师的评价与态度,期望得到公平公正的对待。只有长期受到他人尊重的人才能学会尊重他人,因此满足行为偏差生的自尊需要有助于培养他们的道德意识,约束其不良行为。

1. 帮助行为偏差生树立自信

由问题婚姻引起的行为偏差生不仅要承受父母关系的变化所带来的痛苦,还要经历青春期生理和心理的急剧变化。内在和外在环境的变化让他们无所适从,因此他们不断地否定自己,将父母的问题归结到自己身上。恐惧、烦躁、彷徨的情绪始终笼罩着他们,最终导致行为出现偏差。因此笔者除了进行个别聊天辅导之外,经常借助于班会课进行青春期知识的普及和对学生困惑话题的讨论,如青春期性健康教育、亲子沟通、朋友交往等。通过科学的指导帮助行为偏差生认识自己,悦纳自己,学会用正确的方式排解情绪。虽然效果无法立刻显现出来,但教育定会有结果,至少,小磊找人单挑的次数慢慢少了。

2. 让行为偏差生感受到他人的尊重

首先,笔者要求自己与班里的其他学生抛开对行为偏差生的偏见,在处理行为偏差生与其他学生之间矛盾时,公正公平地解决问题,就事论事,不做过多的联想,不翻旧账。当然也不能偏袒行为偏差生,免得让他们觉得别人在同情他们,有伤自尊或是借此变得肆无忌惮、无法无天。同时尽量做到不在人多时公开批评学生,不然他们容易因为顾及面子而与老师顶嘴。

其次,选择行为偏差生相对自在的时间和场合进行私下交流。笔者曾在放学后请小松吃饭,从小时候的生活聊到现在的工作,从班级管理中的困惑聊到对小磊、小雨的担忧。也许是笔者弱化的姿态,征询的口吻,让小松觉得自己像是一个小大人。他也敞开心扉聊了许多他的烦恼,甚至还为班级管理提出了一些建议。

(三)自我实现需要的补偿

马斯洛认为,自我实现可以"定义为不断实现潜能、才能和天赋,定义为对自身的内在本性的更充分的认识与承认,定义为在个人内部不断趋向统一、整合或协同动作的过程。自我实现就是使自己成为自己理想的人,将个人的潜能发挥到极点"(马斯洛,2007)。要想培养行为偏差生的自信,健全他们的人格,就应该尽可能多地给他们提供实现自我的机会。

1.根据行为偏差生的特点,鼓励其参与班级的管理工作。比如小松年纪稍长、块头大、管理能力强,笔者让其担任班里的纪检委员。一方面树立他的自信心,帮助他获得成就感,另一方面也想借着班委的名头约束他的行为。虽然一开始,小松在管理纪律的方式上有些粗暴,也经常管不住自己,但在不断地纠正与强化下,他的进步是惊人的。不但不良行为有所收敛,学业成绩也取得了很大的进步。这种方式,既满足了他管理他人的欲望,也辅助了笔者的班级管理工作。

2.根据行为偏差生的爱好和特长,鼓励其参加各项活动与比赛。小磊和小雨虽然学习成绩不尽如人意,但在体育方面还是有些优势的。第一学期运动会,小雨获得了男子组一百米和两百米的双料冠军,小磊也获得了男子三千米的第二名。运动会上,同学们的加油、陪伴和肯定,消除了他们与同学之间的隔阂,也让性格孤僻、自卑的小磊有了更多的自信。

四、干预成效

本次研究主要通过班主任座谈、学生及家长面谈的形式,了解本校行为偏差生及其父母的婚姻状况,结合四个行为偏差生的案例,分析问题婚姻对孩子健康人格养成的影响。处于问题婚姻中的孩子容易形成自卑、孤僻、抑郁、矛盾、焦虑、敏感、偏执等性格,易引发撒谎、自暴自弃、攻击他人等问题行为,反映出孩子在安全、爱、尊重和自我实现方面的缺乏。由此,笔者从马斯洛的需求原理出发,重点从归属与爱的需要、尊重的需要和自我实现的需要,采取了相应的干预措施。一心三"补",以心"唤"心,干预结果基本达到了预期目的。具体的效果体现在被干预的学生的心理和行为改变上。

◆ 小磊性格开朗不少,从原来的内向自卑,沉默孤僻到主动问好,乐于帮助班级同学做事,积极维护班级荣誉。父母原本关系不融洽,很大一部分原因是小磊的问题引起,随着小磊的进步,其父母的紧张关系也有所缓和,小磊与父母的沟通也逐渐增多。

◆ 小松因为参加铅球比赛破纪录而名声大震,在体育方面找到了自信,因为基础可以,成绩也有所进步。纪检委员的工作培养了他管理能力,也收敛他的违规行为。他慢慢理解父亲的选择,对父亲和继母的态度有所缓和,其父亲也在老师的沟通中改进了与儿子的沟通方式。

◆ 小何的性格温和了许多,突然间大嚷大叫的现象少了,能够平静地听完班主任的教诲,主动惹事行为有所减少。在其毕业半年后,在冰库帮妈妈发冷饮时见到我能热情问好,很是欣慰。

◆ 对于小雨的干预最终没有收到预期的效果。小雨一度想上进,英语听写的进步和体育比赛的荣誉激发了他的学习兴趣。但令人遗憾的是，其家庭状况未改变，母亲改嫁，父亲逃赌债，爷爷卧病在床，最终他又跌回最原始的状态，甚至更糟，上课睡觉，夜宿网吧，精神颓废到如吸食了鸦片一般。

小磊、小松、小何的可喜变化让笔者更加深刻地体会到，对待行为偏差生管理应像中医看诊一样，从根源上找病因，对症下药，慢慢调理，让教育逐渐深入到孩子的内心。而从对小雨干预的不完全成功上，笔者也认识到，家庭教育环境不改善，会影响到干预的效果。正如苏霍姆林斯基说的，教育的效果取决于学校和家庭教育的影响一致性，如果没有这种一致性，那么学校的教学和教育过程就会像"纸做的房子一样倒塌下来"。（苏霍姆林斯基，1984）

引用及参考文献：

[1] [美]乔塞尔森.皮格马利翁效应[M].高榕,温旻,译.北京:机械工业出版社,2011.

[2] [美]马斯洛.动机与人格[M].许金生,译.北京:中国人民大学出版社,2007.

[3] 张春兴.教育心理学[M].杭州:浙江教育出版社,1996.

[4] [苏]苏霍姆林斯基.给教师的建议[M].杭州:教育科学出版社,1984.

[5] Harold G.T., Shelton K.H., Goeke MMC, et al. Marital Conflict, Child Emotional Security about Family Relationships and Child Adjustment. Soc. Dev, 2004, 13: 350-376.

以教育为尺,高举轻落
——浅谈在初中教育工作中的"惩戒"策略

杭州北苑实验中学　杨　凯

内容摘要:西方的"赏识教育""鼓励教育"成了近年来教育思想的主旋律。追本溯源,本文认为符合中国传统哲学和儒家中庸思想的"有奖有惩"才是更为科学的一种教育方式。因此,教育惩戒是"惩"的解释,是一种必不可少的教育手段,也随着现代教育的发展而得到完善。本文基于惩戒教育的定义,结合笔者在教育过程中的实例,讨论了惩戒教育的必要性引出要正视惩戒教育的论点,进而通过案例分析思考当代惩戒教育并得出相关启示。

关键词:惩戒教育;青少年教育;教学方式

在国人的历史观念中,教师惩罚、体罚学生就如同父母教训不听话的子女一样,是天经地义的事情。但二十世纪八九十年代以后,随着西方的一些教育理念的引入以及人权意识的增强,人们才开始对惩罚式教育方式产生了质疑。随着赏识教育、鼓励教育兴起之后,严苛的惩罚尤其是体罚被认为是非人道、反教育、落后教育方式的代名词。外加媒体和社会舆论对赏识、鼓励教育的大力鼓吹,对过度严苛的教育惩罚、体罚进行抨击,使得教师在应对学生违规犯错的时候,不敢进行适度批评和惩罚,当下的教师团队"丢失"了一种正确引导和教育学生的工具。"只奖不惩"的教育理论是缺乏科学辩证性的,从我国古代阴阳哲学和儒家"中庸"思想中找答案,"有奖有惩"的教育方式是最为科学的。

2017年3月,全国人大代表、广州市人大制度研究会常务副会长陈舒指出,要赋予教师更多教育孩子的权力。2019年7月9日,《关于深化教育教学改革全面提高义务教育质量的意见》的提出,将保障教师依法享有教育惩戒权。"惩戒"是一种教育方式,是教师应当掌握的一种教育工具,同时教师惩戒权也是教师被法律保护的一种权力。法律所保护和提倡的教育惩戒是不同于过往的"惩罚式教育"和"教育体罚"的,"简单体罚性的惩罚"这种不符合国家的《未成年人保护法》和《教育法》的违法行为绝不是教育惩戒定义范围内的。

本文将从现代教育的理念,并根据笔者担任十余年班主任和教学岗位上积累的经验和案例出发,通过案例研究的方式,解释教育惩戒的内涵,阐述惩戒教育的必要性,并对惩戒教育的方式及策略进行分析。

一、惩戒教育的概念

教师在班级管理和教学过程当中一定会遇到"学生违规行为和事件"。当面临学生违规行为和事件的时候,教师应该用正确的教育方式引导学生,目的就是让学生意识到自己行为的错误,违反了相应的社会约束条件(包括道德、礼仪、规章制度、法律等产生的对个体行为上的约束),并要对自己行为产生的后果承担相应的社会责任。教育惩戒就是现代教育理论中正确的教育方式之一。在《辞海》当中"惩戒"的定义是惩治过错,警戒将来,旨在制止和预防行政人员和管理相应人员违法乱纪行为的发生。最早的出处是明代冯梦龙的《东周列国志》第五十七回:"延及于今,逆臣子孙,布满朝中,何以惩戒后人乎?"教育惩戒是惩戒在教育领域的适用,其内涵应该是惩治学生过错,制止其违规行为,进行相应的思想教育,做好教育警示,引导学生遵守相应规定。通过教师处罚来警戒,在必要的时候要对学生的不良行为进行强制性纠正,达到教育、改正的目的,最终促进学生的发展与进步的一种教育方式。这就需要教师在面对孩子出现问题的时候考虑的不是简单的"惩罚",而是要考虑到让学生怎么引以为戒,以后在遇到同样的问题的时候要"三思而后行"。从而充分体现出我国现阶段教育的基本精神——"思想道德素质、能力培养,个性发展、身体健康和心理健康",以合适的"方式"惩戒并学会思考"实施的方式和策略"。在进行惩戒教育的同时要考虑到学生的心理、生理处于何种阶段,学生的承受能力如何。

二、惩戒教育的必要性

近年来,我国掀起了"赏识"教育的热潮,提倡尊重学生个性,对学生少用甚至禁止使用惩罚性的教育手段,认为惩罚就是不尊重学生,打击学生的自尊心。教育风向从"提倡赏识教育"一度发展成了"只奖不惩"的极端教育理论,例如:上海市闸北区一所小学发布了一项新举措:教师在批改作业时,表示错误不能用叉号,只能用圆圈。新规在师生家长中引发热议:是彰显对学生的人性化关怀,还是混淆学生的是非观念?

本文认为,"只奖不惩"的教育理论是缺乏科学辩证性的,"有奖有惩"的教育方式是最为科学的。一味地用"表扬教育"来教育孩子,只会使他们更加不能正确地评价自己。甚至可能会带来以下不良的影响:一是增加孩子的依赖性。越是夸奖,孩子就越依赖大人们的选择来决定什么是对什么是错,而不是形成自己的判断;二是会剥夺孩子的自豪感。频繁的表扬,孩子将失去对于自豪感和被表扬的期待,以至于没有行为上的进步,不能够充分认识到自己行为会产生什么样的后果。因此,在不伤害孩子自尊的前提下实施"惩戒"教育是必要的。

(1)惩戒是教学过程的必要工具之一。教育惩戒的目的不是为了惩罚学生,不是为了给学生造成痛苦,而是制止其不当行为,帮助学生改正错误。若教师对学生违规行为视而不见,就违背了教师教育的职责。但教师在行使教育惩戒权时要遵循适宜性原则。所谓适宜性,即能够使用其他更温和的教育方式达到教育目的,就尽量使用其他更温和的方式;能够使用更恰当的教育惩戒方式达到教育目的的,就尽量使用更恰当的教育惩戒方式。教育要讲究因材施教,尊重学生的个体差异。因此,在行使教育惩戒既要遵循规则的普适性又要照顾学生的个体差异。例如:笔者曾经在任教的班级中遇到这样一个学生:有一个学生学习习惯很差,上课不认真,作业少做或者不做,成绩自然很差。但笔者发现有的时候他的作业也是做得蛮好的,就产生了疑问:做得好是不是抄袭的?笔者通过明察暗访,并不断和他交流,了解到他很喜欢笔者的课,也承认了为了能够让笔者表扬他,存在抄袭行为。笔者就针对这个孩子的实际情况,和他进行了充分沟通,给他单独辅导作业。从这个事情中,学生抄袭作业的目的是获得其所喜欢老师的认可和表扬。笔者首先制止了抄袭这种不劳而获的行为,又通过针对性的辅导,让他有能力能够通过自己的努力来获得老师的认可,笔者没有因为他成绩差,还有抄袭行为,就排斥他。所以在初三的中考中取得了很理想的成绩。

(2)惩戒是学生不断成长的需要。就学生身心发展的特点来讲,他们的生理和心理都具有一定的不成熟性,需要成人用理性给予一定的指导。惩戒教育能够在一定程度上起到警示和制止作用,使学生判断什么行为是被认可的,什么行为是会被摒弃的。例如:有一个12岁的少年,在院子里踢足球时不小心把邻居家的玻璃打碎了。邻居说,我这块玻璃是12.5美元买的,你赔。这是在1920年,12.5美元可以买125只鸡。这个孩子没办法,回家找爸爸。爸爸问玻璃是你踢碎的吗?孩子说是。爸爸说那你就赔吧,没有钱,我借给你,但必须在一年后还清。在接下来的一年里,这个孩子擦皮鞋,送报纸,打工挣回12.5美元还给了父亲。这个孩子就是后来的美国总统里根。这是他在回忆录中写到的一个故事。其实,里根的父亲正是利用"惩戒"本身的激励作用,让他懂得了什么是责任,那就是为自己的过失负责。

(3)确保学校教育的正常运行。学校要完成其教育目的和任务,就必须有良好的学校环境和氛围,惩戒有助于维护学校正常的教学秩序和日常管理。无规矩不成方圆,没有校纪校规的学校,没有班纪班规的班级,都不能形成一个核心集体,都不能得到正常的运转,从而失去常规教学活动的保障。例如:笔者曾经在担任一个初二班级的班主任工作时,碰到了学生打架事件。A学生把B学生抓伤。笔者得知后,先没有批评双方的行为而是赶快让班长和副班长带B学生去医院看伤势。(因笔者当时有其他班级的教学任务,初步判断伤情严重性不大,所以并未陪同前往。)A学生看到笔者没有第一时间批评他,而是先问他们有没有受伤?A学生冷静后也意识到了自己的错误行为。赶忙说:"杨老师,我陪B去医院看病。我为自己的行为负责。"笔者当时听了之后虽然很生气A学生打架的行为,但同时也为他能认识到自己行为的错误觉得是一个很好的转变。后来针对这起事件,召开了一次主题班会,让同学们通过讨论、通过交流、通过沟通来发表看法。这样大家在"如果真的发生矛盾该如何处理"的问题上达成一致:1.有矛盾让老师、同学来帮助调节。2.如果发生肢体上的冲突,期末思想品德操行等第降到"不合格"。通过这个案例,部分"惩戒"的规则,可以让学生自主制订。这样的"惩戒"教育会让学生信服,让学生遵从。

合理的惩戒对于青少年的成长具有积极的意义:有利于个体的社会化;有利于培养学生良好的个性品质,促进学生的心理健康;有利于培养学生的责任感、是非观念和正义感;使学生养成遵守制度的习惯;有助于唤醒学生的自觉意识,使学生更清楚地看到自身的存在价值;有助于培养学生的法律意识,增强法治教育的实效。

三、惩罚教育的方式及策略

惩戒是一种教育手段,更是一种教育艺术,它闪耀着智慧的光芒。教育教学中如何恰到好处地运用惩罚,既能够达到教育的目的,又不伤害到学生的心理承受能力,笔者在平时的教育教学中及管理班级中进行了如下的惩戒教育的方式及策略。

(一)惩戒,不需要语言

案例:陶行知先生在教学中就巧妙地处理过这样一件事。考完试之后,一个孩子拿着自己的试卷要求陶先生将"99"改成"100"。陶先生仔细看了一遍试卷后,什么话也没有说,将"99"改成"100",只不过随手在一个字上点了一个小红点。许多年过去了,那个孩子还时常回忆起这件事,并总爱说一句话,那个小红点点到了我的心里去,它教会我怎样诚实做人。原来陶先生点点的那个字是被那个孩子改过的。

解析:面对孩子错误行为时,有时只需要一个眼神、一个动作也会收到"无声胜有声"的效果。当然这个眼神、这个动作既包含着对孩子错误行为的责备、制止,更包含着对孩子的尊重与关爱。例如:笔者在进行课堂教学过程中,如果发现某个学生没有认真听课,我先注视他几分钟,如果我们的眼神对上了,他就会知道我在提醒他。如果没注意到我在看他,那我会适时地停下,他听不到我的声音就会抬头看我。如果还是不行,那我会走到他身旁边讲课边用手轻轻拍拍他的肩膀提醒他。这些教育行为既不会影响其他同学的听课又不会用严厉话语指责伤害到这个学生,达到了课堂教学的目的。

(二)惩戒,通过培养孩子的责任心

案例:著名儿童教育专家孙云晓在一次报告会上讲过这样一件事:他的女儿上初中时,每天早晨起不来,以至于他和他的夫人每天总要三番五次地喊。这一天,他决定改变策略。他买了一个小闹钟给他的女儿,并且告诉她,从第二天起不再喊她起床,迟到及由其引起的一切后果自己负责。果然,第二天女儿在闹钟的提醒下早早地起了床。

解析:生活中,初中的学生已经具备生活的自理能力,但是由于面临中考的压力,做父母或教师往往认为"只要你把学习成绩提高了,什么都不用你做",因此大人包办的事情太多了,就忽略了对于孩子适应社会、解决问题能力的培养。其实,很多的事情,家长可以不过问。要让孩子在现实生活中认识到那是自己的事情,让孩子学会处理自己的事情,在这个过程中

丰富情感体验,增强责任心。

　　惩戒是教育的手段,它既有负面影响,又能起到积极作用,所以我们必须正视它。能不惩罚,尽量不惩罚。如果违反了原则性规定,一定要惩罚的话,施教者在惩罚过程中应注意:尊重学生的独立人格,保护好学生的自信心、自尊心,惩戒是不同于过往的惩罚教育和体罚的,其目的是警示学生什么不可以做,做了会有什么后果,不是为了惩罚而惩罚学生,而是为了教育学生而惩戒学生;要让学生能坦然地对待惩戒,必须使学生明白既然犯了错误,就需要承担责任,接受惩戒;惩戒绝不是摧残学生心灵的体罚,更不是打人,这里所说的"惩戒"是一种积极的,有意义的行为,而不是一种消极的被动式的"救火队式"的行为。惩戒教育是一种科学的教育方式和教育工具。

参考文献:

[1] 曹辉,赵明星.关于我国"教师惩戒权"立法问题的思考[J].教育科学研究,2012(6):5.

[2] 何齐宗,肖庆华.对教育惩罚的理性思考[J].中国教育学刊,2004(9):21-24.

[3] 杨庆.关于教师惩罚行为的心理学研究综述[J].苏州教育,2005(4B):1.

(四)生命教育

真诚对话的力量
——由心理课堂中的小插曲引发的思考

杭州北苑实验中学　　王候勤

对于心理课堂来说,建立接纳和安全的课堂氛围是极其重要的,是心理课堂有效性的重要保障,因为只有当学生可以感知到老师的信任、接纳以及环境足够安全时,才会敞开心扉,主动表达,分享自我。而想要建构这样的课堂氛围不是一件容易的事情,因为一不小心就会让课堂难以掌控,毫无章法。而如何才能在两周一次的课堂中让学生感知到被接纳和安全,课堂中发生的小插曲给了我灵感与机会。

【插曲一】"自我伤害"的他

2020年9月8日这一天让我至今难以忘怀。作为一名刚入职两周的新教师,这天我将初次走进初二6班,为学生们带来本学期的第一节心理课,这也是我作为新手老师和他们的第一次见面。我迈着忐忑的步伐走进教室,脑海中还回顾着我准备好的开场白,刚走上讲台,放下材料,还没有来得及开口说话,一个学生突然间大声喊道:"老师,你快看,有人在割腕!"。他的话音刚落,教室里瞬间就炸开了,"老师,他在自杀!""老师你不用管他,他经常这样做。"……学生们七嘴八舌地议论着,教室里迟迟不能安静下来。这样的场面出乎我的意料,内心非常慌张和焦虑,从来没有想到会在课堂上遇到这样的问题,我该怎么办呢?装作没有听见和看见这个事情,继续上课完成计划好的教学任务?这肯定不行,这个问题已经引起了全班同学的关注,不能装作看不见听不到。如果要处理这件事情,那我该说点什么呢,我该怎么引导学生们呢?接下来的教学将又走向何方呢?心理学的训练让我本能开始思考:他行为背后的需求是什么?他行为是在传达什么信号?是寻找关注还是挑衅呢?但当我看到底下同学们漠然的态度,听到教室里一片哄笑声,恍惚间,我似乎抓住了我脑海中闪现出的反应信号:无条件关爱他。我不能让无视和冷漠在同学们中间流动,成为习以为常的事情。于是我走下讲台,来到他身边,一边检查他手臂上的伤口,一边询问他:"你疼吗?是不是很痛?"

×同学:不痛,我经常这么做。

我:我看到流血了,老师很担心你,我们去医务室包扎一下。

×同学:不用,接着他将手臂上的血珠舔干净。

我:同学们,大家有没有创可贴,他的手流血了,我们一起帮助他把伤口处理一下吧。

同学们纷纷开始翻找……

同学:"老师,我这儿有。"

同学:"老师,我这儿也有。"

×同学:老师,没关系,不用。

我:那我们大家把创可贴给他放在桌子上,在他需要的时候,就可以拿出来用了。

然后,我拍了拍×同学的肩膀,说:"现在老师先开始上课,课后我们聊一聊,好吗?"

×同学:好的。

课后第一时间我和班主任展开了交流,才了解到他因为家庭原因一直存在心理困扰,老师们都很小心翼翼。随即我和×同学展开了一次面谈,在了解情况的基础上给予了他支持。之后的心理课上再也没有发生这样的问题,让我惊喜的是,在后来的每一节课他都能够坐在自己的座位上并且积极参与讨论,而我也会抓住机会和他进行互动,了解他的想法,给他支持。如今他正在接受专业的帮助,我想总有一天他会以全新的姿态再次回到我们身边。

【插曲二】"假寐"的他

王同学从第一节心理课开始就一直在睡觉,从来没有抬起过头。刚开始的时候,我会拍拍他,将他叫醒,但是每次在我转身离开之后,他马上又趴下来,事后和班主任聊过之后,发现王同学几乎在每节课上都这样。我心里总是很困惑,为什么他会一直这样?我应该做点什么?

有一天我去看他们上自习课,在我宣布本节课是自习课,大家在保持安静的基础上可以做自己喜欢做的事情之后,开始在教室里巡查。我发现他一直和同桌聊天,然后走到他的身边时,他非常迅速趴了下来。

我:轻轻地拍了拍他的肩膀,面带微笑说"××,今天不是很困,对吗?"

王同学:(笑了笑,没有说话。)

我:这节课你想做点什么事情呢?你喜欢的事情或者你想写哪一门的功课呢?

王同学:(不说话,默默地拿出数学和语文练习册。)

我:40分钟时间,或许只能够完成一科,你现在更想做那一科呢?

王同学:(把数学放进去,留下了语文。)

我:今天的语文作业多不多,时间够不够呀?

王同学:(翻开,指了指。)

我:那你计划完成哪几页呢?

王同学:(又用手指指了指。)

我:好的,我也觉得你可以完成,我们试一试吧,下课的时候,你拿给我看看吧。

王同学:(点点头。)

下课铃响起……

我：有哪些同学完成了自己的作业计划？

我看见他抬起了头。

我：你一定写完了对吗？

王同学：(点头。)

我：检查后发现他真的写完了。

我：拿着他的作业走上讲台，对着大家说，我今天想要表扬一位同学，他完成了这节课开始之前为自己制订的小计划，能够为自己的目标和计划负责是一件非常值得骄傲的事情，我们为他鼓掌。

此后，在心理课上他再也没有睡觉，虽然话还是不多，但每节课都会看着我，听我说话，和周围的同学进行讨论，我也会在每节课上找机会和他交流，请他就某个问题发表自己的看法。

【插曲三】"落拓不羁"的他

林同学是一名初一的学生，学习成绩不理想，行为规范不佳，课堂中要么和同学讲话，要么在教室里随意乱走，这是我从别的老师口中经常听到的话。

在本学期开学第二堂心理课，上课铃声响起，我走进教室，发现他坐在讲台上，我想这个行为背后一定反映了他的需求。于是，脱口而出：

我：××，今天请你在讲台上陪老师上课，可以吗？这样在之后的活动环节，你就可以帮老师带领大家玩游戏了，好吗？

林同学：可以呀。

这是一节生命教育课程，其中有一个活动带领大家探索生命的意义，我看到他坐在那里一个人不说话，就将话题抛给了他。

我：××，关于这个问题，你有什么看法？

林同学：我不知道，我没有看法。

我：××，老师真的特别想要听听你对这个问题的看法，想要了解你对生命的态度是什么?

林同学:(沉默……)

我:你是不是需要一点时间思考呢?

林同学:是的。

我:好,(转向全班),同学们,生命的意义确实是值得我们深思的一个问题,现在给大家一点思考的时间,并将自己的回答写在学习单上,稍后进行分享。

2分钟后,我用眼神询问他是否准备好,他点头。

林同学:我就是觉得做自己喜欢的事情。

我:老师也赞同你的观点,知道自己喜欢什么,并且在有生之年为自己喜欢的事情而努力,老师最佩服这样的人。然后请所有同学为他鼓掌。

之后的心理课上,林同学都可以坐在自己的位子上,偶尔也会和周围的同学聊天,但经过提醒之后,他可以迅速地回到课堂中来。对于提问,他也不再脱口而出"我不知道",而是开始发表自己的观点与看法,并且可以及时完成随堂小作业。看到这样的他,我体会到了作为一名老师的成就感。

事后,我一直在思考,在这些小插曲中,究竟是什么使学生的行为发生了转变,使班级氛围发生了变化。许久之后,我得出了一个结论,那就是我和孩子们之间真诚对话,我认识到语言以及表达方式带来的巨大影响。每一个人都渴望被看见、被发现,课堂中的小插曲就是孩子们释放的信号,而我能不能将信号接收到并且加工后重新传递回去就是关键。真诚对话或许就是我看见你的开始、发现你的开始、读懂你的开始以及疗愈的开始。

一、真诚对话的核心要素

1.看见学生,尊重差异(看见)

生命是一个整体,作为老师我们要用发展的眼光来看待每一个学生。人是人,问题是问题,人不是问题。学生的行为只是行为本身,学生来到学校不是为了讨老师的欢心,因此不能因为学生的某个行为表现不符合我们的期望,就把他看作是不好的或者品行有问题的人,从而指责他,批评他。

2.发现学生,巧妙提问(提问)

学生的言行和其需要息息相关。但我们的文化并不鼓励大家直接表达个人的需要,因此,通过倾听学生的言语和观察其行为,发现学生的内心需求,从而给予积极的回应。一个小问题或者一个好的问题,或许就是打开学生封锁内心的一把钥匙,照进他内心的一束光,不仅可以快速地传递老师的观点,同时引发学生的思考,推动他重新建构对自己的看法,对周围世界的意义。值得注意的是,如果我们希望学生按照老师的期望表现,最好用请求的语气而非命令,因为当听到命令的时候,学生通常会有两种反应:服从或者反抗。尤其是在青春期的学生,如果他们认为老师是在强迫他们,他们就不会乐于满足我们的需要。

3.读懂学生,恰当回应(回应)

一个好的提问如果是打开学生心门的钥匙,那么一个恰当的回应或许就是走进学生内心深处的阶梯。从学生的言语和行为中,察觉出学生的需要,读懂学生的感受,从而给出相应的回应,这个回应不是简单粗暴的说理、批评、教导,而是能够站在专业的基础上,让这个回应满足学生的需求,使学生感受到被理解被支持,从而促使学生也做出更积极的回应。

二、真诚对话的力量

1.真诚的对话促进学生的自我开放

真诚对话有助于增加学生的自我开放程度与课堂参与度。真诚的对话是以看见、发现、接纳为基础的,学生在对话的过程中感受到老师的真诚与接纳,察觉到环境是安全的,就会更加愿意进行自我表达,主动分享自己的故事,从而提高学生对课堂的参与度。

2.真诚的对话促进良好师生关系的建立

真诚对话有助于良好师生关系的建立。一旦学生认为自己受到了指责和批评,他很可能觉得自己很委屈继而退缩,这样师生之间的关系就会更加疏远和对立。但如果我们读懂了学生语言和行为背后的需求和动机,并且给予学生与之相匹配的回应,就会推动师生之间情感的交流,增加学生对老师的信任感,从而建立良好的师生关系。

3. 真诚对话增强教师的职业成就感

真诚的对话有助于增加教师的成就感。在实际的教学中,学生的不听话,对立的师生关系,会让老师们有极强的挫败感,会觉得自己的工作没有价值,因此心情低落。而通过真诚的对话建立的和谐师生关系会让老师们心情愉悦,增加教师职业的成就感。

生命无小事

杭州北苑实验中学　邹荣玮

教育部在北京举办教育2020"收官"系列第四场新闻发布会中,教育部基础教育司司长吕玉刚介绍,基础教育全面提质进入新阶段,即"基础教育已经踏上更加注重内涵发展、全面提高育人质量的新征程"。[1]因此,德育已经成为现代基础教育中非常重要的一项内容,学生的德育工作是班主任工作的重中之重,而对学生的生命教育又是德育工作中刻不容缓、不容忽视的一个环节。

一、案例描述

案例一:高空抛物

2019年9月1日我迎来了新一届学生——初一(2)班,很幸运的是该班位于最高的5楼,背靠着山,对孩子们未来三年的学习提供了一个清静无扰的环境。但这也意味着更多的安全隐患。

开学没多久,班里有两个学生因在走廊打闹不小心将手里的水杯从栏杆之间滑落掉下,并擦过楼下老师耳边。看着心惊胆战的老师和不以为意

---
[1]《中国教育报》2020年12月10日。

的学生,我才意识到孩子们恐怕根本没想到自己的行为会带来怎样的后果。于是,当天我就布置一个班级作业:与父母合作完成一幅小报,主题为"高空抛物的危害"。当天晚上就有家长表示高空抛物的行为的确十分危险,并愿意全力协助孩子完成本次班级作业。

第二天孩子们都拿着自己完成的小报进行了分享,两位始作俑者更是进行了深刻的反思。孩子们通过自己主动的搜索了解,才明白从高处扔下去的东西即使是一个鸡蛋都有可能致人死亡,更何况是一个钢杯,想想令人后怕。

案例二:抽烟小生

我校有一个乒乓球基地,乒乓球学生们为了训练便离家住校进行封闭式管理。在2020年12月初生活老师查寝发现了一些烟头,经调查发现了有几个学生有抽电子烟的行为,而我们班的杨同学也在其中。该同学虽然平时有些小调皮,但为人有些憨气,加上家境也并不富裕,因此他抽电子烟的行为让我很是吃惊。

后来通过和生活老师以及学生本人的沟通了解到,这是初三的某生发起的交易,将自家售卖的烟以低价卖给低年级的学生,而低年级的学生出于好奇才进行了尝试。经过我和杨同学长时间的细致沟通后,杨同学才恍然明白这是一件害人害己的恶劣行为,不仅严重危害了自己的生命健康,更是对其他同学产生了极其恶劣的影响。于是第二天,杨同学便向全班同学进行了深刻的反思,愿意以班级处分的形式接受全班同学对他的监督。通过这件事,杨同学以及其他孩子都明白了烟草对人生命健康的各种危害,也不要去轻易尝试未知危险物。这给孩子们敲响了一记警钟。

案例三:心存未来

由于疫情影响,学生在此期间进行了长达两三个月的网课,这是孩子们第一次以合理的理由上网,大家不可避免地进入了网络世界,也有不少学生沉迷其中。因此，返校之后，沉迷于网络的学生便对正常的学校学习生活产生了巨大的压力，甚至于抵触，具体表现为上课注意力不集中、没精神，下课趴着打瞌睡，作业敷衍，跟老师拒绝沟通，亲子关系亦紧张，甚至有轻生的想法。我们班也不例外，这让学校、老师和家长紧张担忧，苦不堪言。

鉴于学生的普遍厌学厌世情绪，我便立即组织了一场"长大很美好"的主题班会。在这场班会中，学生们分享了自己现有的很多苦恼，也发现了这些苦恼随着长大便会迎刃而解，也畅谈了很多对未来的美好梦想。不同于以往正经严肃的说教形式，这是一节充满了欢乐、调侃与兴味的班会课，不仅让我第一次感受到了孩子们的热情，也让彼此之间有了更多的了解和支持。我相信这节课让孩子们对于未来有所期待，便对现在的处境不至于过于绝望，从而达到了生命教育的目的。

二、案例探讨

以上三个案例，看似都是班里随机发生的一些的问题，其实它们实质上都反映了同一个问题——孩子们对生命的无知。正因为对生命的无知，才会导致在楼上随意地玩闹使手里的东西掉下楼也不以为意，才会导致对烟草的随意尝试，才会导致厌学厌世的心理，甚至发展为网瘾、自闭、自残的行为。当它现在成为一个普遍问题的时候，我们便需要进行深刻的反思，我们当今的教育出现什么漏洞？笔者认为造成这种现象的原因有以下几个方面。

"父母是孩子的第一任老师"，并不是指孩子上学后，教育的任务便落到教师的身上。父母也是终身教育者，特别是青少年时期，孩子的自我认知日益增长，精神需求日益增强，父母反而需要更多的时间和精力花在孩子身上以满足孩子的精神关怀。父母家庭教育的目标更应该是帮助孩子树立一个正确的世界观、价值观和人生观，进行人格修养培养，而不是将关注的焦点聚集在学习成绩上，从而忽视对生命的关怀。

学校教育作为家庭教育的补充，除了德育外，更多的时间是进行知识和体质上的教育。而绝大多数学校受时间、人数等限制，不太可能做到一对一的关怀辅导。即使有专任的班主任或心理辅导员，但同时面对多起学生的问题时，只能心有余而力不足。加上学校就学的学生大都在同一个学区，大多实行的是走读制，而家长因自身学识或工作时间的限制，也不能对放学回家的孩子进行有效的监督。那么，学生放学后处于一个无人看管的情况，便会做一些与学习无关，甚至影响自己身心健康的事。

随着社会的发展，网络几乎普及到每个家庭，而作为新时代的青少年，使其断网，与外界隔绝也是不符时代发展的做法，反而会导致更严重的家庭矛盾或者心理问题。但接触到网络信息的方式也越来越丰富，让人防不胜防。如若任其使用，处于初中阶段的学生明辨是非的能力不足，自我意志力较弱，便会在参差不齐、充满诱惑的网络面前失守，沉迷其中，甚至影响到自己正常的学习生活。

通过以上三个案例可知，笔者作为学校教育者的一员面对学生发生的问题一般应对步骤如下：一了解，通过本人、对方、第三方等各个方面了解事情发生的原委，尽可能地还原事件本身，在不了解事情真实情况之前不发表自己的意见或情感倾向。二输入，当清楚事件发生的原委后，也不急于批评或说教，而是让当事人自己去了解自己所作所为的危害性，搜索资料的过程中遇到问题可以求助老师、家长或网络，最后将收集的资料做一个总结。三输出，当当事人充分地了解到自己的作为以及后果后，再将自己的所知告知全班并向全班进行一个深刻的反思，甚至引起全班性的讨论和思考，这样也很好地替代了老师的刻板说教，效果不可同日而语。最后，教师只需简单发表一下自己的看法，或做个警示便可将事件画上一个圆满的句号。

虽然以上三个案例属于个别意外事件，但不管是案例一和案例二的反面教材，还是案例三的侧面教材，它们都涉及了生命健康问题，而生命无小事，所以鉴于此问题的重要意义，我便让全体学生去参与和讨论，最后也成功引起了孩子们对生活的期待和对生命的敬畏。

三、案例反思

"教育的目的应该是向人类传递生命的气息。"泰戈尔的话启发我们，学生对生命的无知是我们教育者的缺憾，我们更应该看到这背后孩子们对生命教育的强烈呼唤。因此，对学生的生命教育是班主任工作中刻不容缓、不容忽视的一个环节。再者，涉及生命没有小事而言，即使没有当下的危害，也要学会高瞻远瞩，从而将"小事化大"，即个人小事发展成对全体学生的德育，本文的三个案例就充分说明了这一点。但是，班主任的德育又不仅仅在于生命教育，在当今教育背景下，学生的德育工作在方方面面、每时每刻，这些都是班主任工作的重中之重。

所谓"教育"，即"教书育人"。可能大部分人认为"教书"与"育人"并重，甚至"教书"在前"育人"在后，笔者却认为"育人"大于"教书"。因为每位老师的日常工作就是"教书"，并且每天都有课时安排让老师发挥，但"育人"却不是。所以，每当学生发生了问题，老师们首先不应该是抱怨，而是把它作为一次挑战。我们面对的教育对象是有思想、有情感的生命个体，解决问题的过程是一个生命体与另一个生命体甚至是与另一群生命体思想的碰撞，这比单纯的知识性输入更有意思、更有价值，因此德育既是挑战，更是财富。所以，每当学生发生问题，我都是在当下立即处理，宁愿占了自己的授课课堂，也要让问题解决，知识可以稍后再补，但问题的解决具有时效性。由此对孩子的思想观念、行为意识予以引导，使其内化为孩子的道德能力，这样才能让问题背后的价值最大化，让教育赋有人性的温度。

于学生而言，班主任是他们学校学习的核心，班主任的言行和思想对他们的学习、生活甚至未来都产生了很大的影响；对班主任而言，学生是其工作的主体对象，对其学校教育负主要责任。因此，学生从初一到初三在不断地学习成长中，其实班主任也在对他人的教育中不断地学习成长，成长是一件美好的事，不管是学生还是班主任，抑或是其他教育者，但愿大家都能成为自己想要的样子！

纸可意会，心可相通

杭州北苑实验中学　钱　箐

一聊起学生，老师有各自"权威"的评价，认为"他是好生，差生，抑或者是无可救药的"。但我一直有着疑惑，学生真的是如我们所看到的那样吗，我们看到的就是全面的吗，他们有没有什么每天在改变的地方呢？直到遇到小张，我才豁然开朗。

一、案例背景

作为新教师的我，刚从校园走出又进入另一个全新的校园，身份的转变让我感受到迷茫。短短的几个月相处，面对这些祖国未来的花朵，我就发现现实的状况远比想象中处理起来的更为棘手、更为复杂，也改变了我对于他们的认知。

恰逢五四青年节，受到某视频的启发，也为了能更好地了解学生，我在班上做了一个小活动——以"我不想做这样的人"为题，写一写你觉得自己不想成为怎么样的人。

二、案例过程

1. 过往云烟

我播放了一个小视频，并以自身例子抛砖引玉时，突然，一个不和谐的声音插了进来,"老师啊,视频能不能再看一遍啊,刚刚语速太快我都没认真听。"我寻声而去,原来是小张啊。

小张是个个头比较矮小、略显营养不良的男孩子,背上书包感觉书包都能将他瘦弱的背压垮。在开学初,连续三周上课都没带数学书,每次上课都得靠别人"接济"。上课时,要不就趴在桌上,要不就转头去烦后面的同学,从未意识到上下课的区别。在老师已经讲别的时,他会后知后觉般地大喊一句"老师你之前说的那道题这样做可以吗?"或者喊一句"哎哟喂,这么简单的呀!"。下课时,他喜欢凑堆,别人稍微碰他一下,他就暴躁地拉扯别人的衣服,仿佛要把别人吃了一样。

我瞥了一眼他,淡然不理会,继续讲述。随后,轮到学生们写,学生们纷纷拿出自己的本子。小张这时昂着自己的小脑袋,一脸无辜地望着我,问道:"老师,我没纸怎么办啊?"我气不打一处来,不愧是常出经典言论的小张!

在几个月前,小张说了一句难以忘怀的经典言论:"他打了我9下,我打了1下,我亏了,我一定要打回来的。就算狗咬了我一下,我也要咬回来。"而且这种奇葩言论不止一次地出现,例如他做了错事,单独沟通,他抖着腿,带着"仇视"的目光,振振有词地质问:"班里的其他学生也是这样对我的,凭什么不管他们?"这些行为,更加深了我对他"品行不端"的印象。他一犯错误,我就开始用"大道理"法来"责备"他,希望他知道错了,但他并不能快速地意识到问题,需要大量的时间冷静,最终"心不甘情不愿"地承认错误。刚谈完,没过两天,又"旧病复发",让人很是恼火,真想放弃这个"无药可救"的人。

我站在讲台上,略低下头,一脸漠然地看向他,指了指他旁边的数学练习本。我本以为他可以安静一会,刚下去转悠,背后突然传来一声"当然是要有钱啊!"又是小张。我听到后,内心暗自想:果然是个差生,想法如此肤浅,又不好好学习,性格又差,未来肯定堪忧。转过去看他,内容看不清楚,但能看到,这张纸片小的可怜,只有我们手掌的十分之一大小,纸上还有红蓝黑三种笔迹。我生气,让他写段话就用这么抠抠搜搜的小纸片应付我,短短的一点内容还多种颜色书写,就怕我不关注到他似的!"别人还在写呢,你这样喊会影响别人的,写好交上来就行了",我冲着小张大声地喊。

2. 心生疑窦

收上来后,我特意挑出小张的纸条,比豆腐干还小的纸片四周坑坑洼洼的,拿着都嫌弃。首先映入眼帘的就是蓝黑笔所写的不想成为没有钱的人,特意用蓝笔写"没钱"二字。还真这么写啊,胆子果然够大,也不怕我找他"聊天"。再细看,不对啊,上下方各有一行用红笔写的字,哦,原来是理由啊——钱很好,换来很多东西,朋友,房子,车子等。后面这两样很好理解,他居然想拿金钱买来朋友?这似乎与我"君子之交淡若水,小人之交甘若醴"是相冲突的。再细看,有涂改的痕迹,细细辨认,原来划去了平、亲、寂三字,那小张原本想写什么词语呢?

为了解答心中的疑惑,我去向班主任了解了小张的家庭情况。小张的家庭比较复杂,是个重组家庭,母亲离过婚,小张是其母亲与前夫的孩子。据其母亲描述,他亲爸爸脾气与小张如出一辙,他母亲甚至用"龙生龙,凤生凤,老鼠的儿子会打洞"来表述。另外,由于工作的问题,他父母经常不在家,晚饭都是自己去校外解决,有时候父母回家晚到孩子已经睡着了,正如他所说的"老师,我不知道我妈妈今天晚上回不回家的"。结合平、亲、寂三字,我默默地将他划去的内容重新组词,或许他想写的是平等、亲情、寂寞。

3. 智解难题

课间休息时,班上的小S坐在小张的椅子上,小张让小S离开,小S可能由于班内比较吵闹没有听清,没及时离开,小张就很愤怒地把小S推离椅子。小S很不服气,两人差点就因为这事大打出手,亏得周围的同学和老师及时到场,把两人分开,小S随即表示没事了。本来事情到此结束已经告一段落了,但小张不服气,在班里歇斯底里地大喊。于是,班主任就把小张叫来谈一谈。问他原因时,他说:"反正我看他不顺眼很久了,这样做有什么不对?"这话一说,可把老师气坏了。若是原来的我,一定会想随他去吧,时间会让他平静下来,反正你讲的他也不听。

一瞬间,我想到了那张小小的纸条,突然有了灵感——平等。我可以用实际行动让他感受到我尊重他而不是以一种居高临下的态度指责他,然后,听其所述,慢慢地引导他。

我走到他的身边来,略微低下身子,让我的视线与他齐平,四目相对。我问:"小张,现在我们可以聊一聊吗?"

"可以"他看着我,情绪还稍显激动,胸腔起伏剧烈。

"小张,刚刚跟妈妈聊了什么,我看你的情绪很激动啊。"

"……但按照我妈妈的说法,我现在是不是应该送去少管所,而不是在学校里读书?"

我耐着性子说:"你妈妈只是打个比方,不希望你养成那样的性格,没有家长会希望自己孩子被送进去的,父母肯定是爱自己孩子的。老师现在我就想知道,你为什么之前要那么做呢?"

"在课间的时候其实我跟他讲了,但还霸占着座位不肯走。如果我以前坐他的座位,他肯定就上手边掐我边让我离开了,我只是学着这样做而已,你们怎么就讲我不讲别人呢?"小张的情绪再次激动起来。

我立即安抚道:"老师没有觉得他们做得对,也不是专门针对你才叫你来办公室的。我想知道,别人如果对你这样做,你是不是也会觉得痛,而且有时候掐的地方甚至发红。"

小张逐渐平静下来,想了想道:"是的。"

"那你把他推到地上,他会不会也痛呢?"

"肯定会痛的。"

"这就是了,这种行为别人对你实施,你会觉得痛,你对别人做也会让别人感觉到疼,那这种行为应该去模仿去学习吗?"

小张很快就回复道:"是不应该学习,那我在遇到这样怎么办?"

"你可以过来找老师帮忙啊,办公室里这么多老师,每一位老师都很乐意帮你的。另外,老师叫你过来,也是想了解一下事情的经过,才能更好地处理这件事。另一个同学也是有错的,他刚刚自己已经表示愿意道歉了,你愿意跟他和解吗?"小张点点头,眼眶依旧有点红,但整个人的情绪已经平复了。

下课后,小张与小S互相道歉,事情顺利解决。

三、案例反思

之前我从未意识到他对于某些东西是如此的渴望,而觉得这些坏习惯已经深深地烙印在他的骨子里。或许,他有时候的行为并不是不知道错了,而是为了能在班内同学面前强撑起来,以此掩盖自己自卑弱小的内心,维持那很微薄但对于他来说很重要的"面子"。或许,他通过在课堂上大声喊叫的形式来引起老师的关注,让他觉得自己要比其他同学更值得被注意,其实是一种另类的获取老师目光与关心的方式。

这次事情的顺利解决,源自我对小张全新的认识,第一次意识到小张对于"平等"是渴望的,他其实明事理,但纠结于他感受了老师的单方面沟通带来的"都是你的错"的错觉。而且,对于这种比较执拗的孩子,应该慢慢引导,不要总想着一步登天,强迫他承认错误,否则只会增设沟通难度引起师生对立的状况出现。

每个学生都是具有可塑性的,每个生命个体都在不断发展变化,他不是一件东西,每个人的每一时刻,都能像他想成为的人的方向迈进。因而,我们在看待个体的时候,不能总用一成不变的目光来看待,而要用发展的目光。每个学生的身上都有着缺点,这些缺点不是与生俱来的,往往是家庭、社会、心理各方面因素综合作用形成的。每个孩子都具有独特性,我们需要重新认识他们,不仅仅是从课堂上、作业中的角度来看待他们,有空的时候多关注课后的他们,多注意孩子讲述中所表达的含义,或许你会有全新的认识,也会在遇到棘手的事情时迸发出新的想法与办法。

未来,我首先还是要巧用沟通,通过平等的沟通方式,在师生之间的河流架起牢固的桥梁,走进对方的心灵,寻求他内心的渴望。其次,要多与小张的父母保持紧密的联系,转变他们错误的教育观念,有可能的话父亲或母亲能在放学后接小张回家顺便聊聊天,跟孩子一起吃晚饭,让小张感受到家庭的温暖。最后,可以通过班级全体学生一起监督的方式,既带动班内同学参与班级活动,也让他们在监督的过程中感受到小张的变化,重树形象。

后　记

本书的编写缘起于杭州北苑实验中学《德育专刊》编辑组成员三年多的辛勤积累。2020年7月，郑德雄校长来到北苑实验中学任职，他在统筹学校德育活动和《德育专刊》编辑工作的基础上，提出了"让每一个学生经历美好时光"德育理念。基于此理念，编委成员和《德育专刊》编辑组成员携手完成北苑历史上第一部校园著作，将烙印着北苑实验中学特色的"美好时光"跃于纸上，集结成册。

2018年，北苑实验中学副校长徐巧飞（副主编）召集了学校部分青年教师，组成了最初的《德育专刊》编辑小组，将师生们在校园中发生的稍纵即逝的点滴感人事迹与画面，或诉诸笔端或制成影像，经过收集整理、美编发布，将学校生活中的美好时光告诉所有人，让人们的心得到滋润。同年11月2日，首期《一段我与北苑的好时光》推文在北苑实验中学微信公众号上发布。创作群体来自北苑实验中学敬业负责、爱生如子的老师以及热心班级、爱校爱师的学生。

起初的想法比较单纯、朴素，竟没想到收获了诸多的赞誉。生活本就有很多美好，只不过在日常的忙碌中被我们忽略了，而今这些美好已然镌刻成文字，变成了不平凡的小事。这是我们北苑一直在做的事，也将是我们一直会做下去的事。三年多来，编辑组成员队伍壮大了，《一段我与北苑的好时光》也变成了《一段我与你的好时光》，编辑组成员们的初心从未变过。

立德树人始终是美好校园建设的根本。无论是好时光推文,还是各类活动,它们既诠释着北苑实验中学"尚善致远"的办学理念,更与杭州市美好教育计划及拱墅区"有温度的教育"宗旨不谋而合。我们相信,所有的事件终将变得更有意义,所有的事件都将借助本书的编写定格珍藏,并让"善"流淌在师生心中,流淌在每个人心间。

　　其实,美好时光一直在北苑实验中学上演着。活力篮球、公益行动、诗意牧歌、研学旅行等传统活动传承至今,历久弥新。学生在种种活动中经历着一场场爱与被爱的修行,这是一个影响且润泽着生命的过程,其间需要智慧和技巧,更需要情感的温暖。编委们也顺着孩子们的视线,看见了更多有温度的好故事,传播着温度的力量。

　　全书分为"尚善致远""美好时光""活力篮球""诗意牧歌""公益行动""德育论坛"6个篇章。本书由郑德雄主编,各篇的整理人分别为:第一篇,徐巧飞;第二篇,贾玉婷、邹荣玮;第三至五篇,顾青青;第六篇,赵永文。全书由郑德雄策划,并负责全书的统稿、审定。北苑教育集团徐巧飞副校长、赵永文副书记、顾青青副主任做了许多前期工作。

　　在本书的整理、编纂过程中,我们得到了杭州北苑实验中学、杭州市桃源中学各处室的鼎力相助及全校师生的大力支持,深表谢意。此外,本书能够顺利出版,离不开编委成员和《德育专刊》编辑组成员的辛勤付出,也离不开吉林大学出版社老师及其团队的高效和专业的工作,在此一并表示感谢。

　　由于是第一次对学校的德育管理经验进行整理、总结,难免会有许多疏漏不当之处,恳请大家提出宝贵意见,以便我们今后不断完善。

编　者
2021年9月于杭州

图书在版编目（CIP）数据

美好教育的探索与实践 / 杭州北苑教育集团课题组编. -- 长春：吉林大学出版社，2021.10
ISBN 978-7-5692-9608-2

Ⅰ. ①美… Ⅱ. ①杭… Ⅲ. ①德育－初中－文集 Ⅳ. ①G631-53

中国版本图书馆CIP数据核字(2021)第235024号

书　　名	美好教育的探索与实践
	MEIHAO JIAOYU DE TANSUO YU SHIJIAN
作　　者	杭州北苑教育集团课题组　编
策划编辑	曲天真
责任编辑	曲天真
责任校对	张宏亮
装帧设计	书道闻香
出版发行	吉林大学出版社
社　　址	长春市人民大街4059号
邮政编码	130021
发行电话	0431-89580028/29/21
网　　址	http://www.jlup.com.cn
电子邮箱	jldxcbs@sina.com
印　　刷	杭州万星印务有限公司
开　　本	710mm×1000mm　　1/16
印　　张	14.5
字　　数	210千字
版　　次	2021年10月　第1版
印　　次	2021年10月　第1次
书　　号	ISBN 978-7-5692-9608-2
定　　价	40.00元

版权所有　翻印必究